노주기

유용록 수필집

태풍의 눈깨

바람의 분재

유영숙 수필집

초판 인쇄 | 2020년 6월 25일
초판 발행 | 2020년 6월 30일

지은이 | 유영숙
펴낸이 | 우희정
펴낸곳 | 도서출판 소소리

등록 | 제300-2007-21호
주소 | 03073 서울 종로구 창경궁로 5길 39-16
전화 | 765-5663, 010-4265-5663
e-mail : sosori39@hanmail.net
www.sosori.net

값 12,000원

*잘못된 책은 바꾸어드립니다.

ISBN 979-11-5891-145-4 03810

유영숙 수필집

바람의 무게

책을 내면서

오래 묵혔다. 그래서 좀 송구스럽지만 오래전에 쓴 글도 함께 묶인다.

꽤 오래 망설이고 미루었다. 나무를 아낀다는 말이 무색할 것 같아서. 산, 숲을 좋아하면서 나는 나무 한 그루 제대로 심었는가! 반복 자문한다.

누군가의 가슴에 작은 나무 한 그루 심어주는 글도 못되면서 숲만 야위게 하는 것 같아 출간을 미루다 보니 마흔 초반에 첫 수필집 내고 어느새 화갑에 이르렀다.

그럴 일 없겠으나 누가 과거로의 시간을 몇 년 혹은 십년쯤 되돌려 준다 해도 다시 돌아갈 의사가 없는 만큼 '삶에 큰 부호는 아니더라도 이쯤에서 작은 쉼표(,) 하나 찍고 가자는 의미에서'라는 핑계가 출간 의도로 맞겠다.

사상 유래가 없는, 코로나19가 글로벌하고 최첨단의 삶을 살아가던 현대 인간의 삶을 송두리째 가두고 세상을 뒤바꾸고 있다. 그로 인한 '사회적 거리두기'로 칩거 아닌 칩걸 하며 원고를 정리하다 보니 겨울의 여윈 숲이 어느 사이 봄 햇살로 푸르게 살지고 있다. 다행이다. 그나마 살지는 숲을 보면서 수필집을 출간할 수 있어서.
　졸고를 흔쾌히 받아준 도서출판 소소리 우희정 대표께 깊은 감사를 드린다.

2020년 봄 수서산방에서

저자 여영숙

▶차 례
▶책을 내면서

1. 청매 오시다

바람의 무게 ― · 12
무너진 성에서 그를 만나다 ― · 16
달마가 웃다 ― · 21
구걸하는 너구리 ― · 26
겨울산 ― · 31
그 품에 안기다 ― · 34
탄천의 사계 ― · 40
청매 오시다 ― · 46
보춘화 ― · 51
흔들리는 꽃 ― · 55
조난의 위기 ― · 58

2. 겨울 무지개

도를 닦듯 돌을 닦다 —·64
화장실로 간 스탠드 —·68
할머니의 남자친구 —·72
봄맞이 —·77
꽃의 남자 —·81
정동 주세요 —·85
누가 상전인가 —·89
천기누설 —·93
평양할머니 —·98
송화다식 —·102
겨울 무지개 —·106

3. 솔비 내리다

무릇꽃 여인 ― · 112
달빛을 덮고 잠들고 싶은 밤 ― · 117
동거 ― · 123
칠삭둥이 국화 ― · 127
감자밭에서의 소묘 2 ― · 132
천원이 ― · 136
참외 ― · 141
묵은지 맛 ― · 145
솔비 내리다 ― · 149
비새는 집, 물새는 집 ― · 152
감나무 ― · 157
눈 다래끼 ― · 162

4. 혼자 하는 동행

닮은꼴 삼대 —·168
그래, 너는 할 수 있어 —·173
가슴으로 듣는 소리 —·176
혼자 하는 동행 —·180
어머니의 기도 —·183
비움으로 채우다 —·188
지옥을 다녀오다 —·193
평화의 사절 —·198
성체조배 —·205
피세정념 —·209
망고 —·214
광야에서 길을 찾다 —·219

1.
청매 오시다

바람의 무게

　마을 입구에 들어서면 맑디맑은 도랑물이 제일 먼저 달려 나와 에스코트하듯 나를 맞이한다. 나의 태자리가 있는 양촌 임화리(林花理)마을이다.
　한적한 마을, 저 혼자 흐르며 심심했던 도랑은 굽이굽이 집까지 가는 내내 그간의 마을 내력을 전하느라 졸졸 종알종알 수다를 멈추지 않는다. 예전엔 백 가구가 모여 산다하여 백촌(百村)이라고도 불렸던 마을이지만 지금은 그 5분의 1도 남아있지 않다. 다만 유구한 것은 예전엔 민둥산이었던 것이 빽빽한 숲으로 바뀐, 나지막한 뒷산과 그를 마주보면서 수령 450여 해를 헤아리고 서있는 마을 앞 느티나무와 도랑물뿐이다. 어릴 적 고향을 떠나서 오랜만에 찾아오면 보고 싶었던 친구들이 튕겨지듯 달려 나와 반기던 옛집들은 아예 흔적도 없거나 많이 개

조되고, 새로 지어져 알아보기가 쉽지 않다.

사람도 마찬가지다. 어쩌다 길에서 마주치는 사람들도 낯설다. 그 또한 인적 뜸한 마을에 웬 낯선 사람인가 하는 눈초리로 나를 바라본다. 하기야 고향 떠난 지 벌써 사십년이 훌쩍 넘었으니 간혹 옛 사람들이 남아 있다한들 오랜 세월, 서로 많이 변해서 길에서 마주쳐도 얼른 얼굴을 알아보지 못한다.

사람도 늙지만 집들도 늙는다. 도랑물의 안내를 받으며 마을의 허리쯤 다다르면 온몸에 구멍 숭숭 뚫리고 매미허물처럼 껍질만 남은 집 한 채가 낡은 삭신 간신히 버티고 섰다가 나를 마중한다. 반갑다고 달려가 와락 얼싸안기라도 하면 그냥 푹 주저앉을 것만 같은, 고향 집의 모습이다.

세월의 무게를 고스란히 안고 무너질 듯 위태로운 집은 어린 시절 나의 일기장을 펼쳐 보이며 기억을 더듬게 한다.

와글와글 6남매를 살지게 키우던 집은 주변 풍광이 그를 돋보이게 했다. 안채의 용마루 양측 어깨는 우람한 감나무가 듬직하게 받쳐주었고, 그 뒤로는 넓고 푸른 대밭이 있어 뒷산과의 경계를 병풍을 두르듯 이어주었다.

여름날 햇살이 집 정면으로 들면 대청마루를 비워두고 뒷마루로 옮겨가 놀다 엎드려 숙제를 하기도 했다. 그러면 숲의 서늘한 대바람소리가 얼마나 많은 이야기를 소곤대는지 바람소리에 귀를 기울이다 그만 엎드린 채로 잠이 들곤 했었다. 어쩌면 내가 글을 쓰게 된 배경 중 하나는 저 대숲이 들려주던 수많은 이야기들이 은연 중 나를 작가로 키웠는지 모른다. 집 앞뜰엔 작은 연못이 하나 있었다. 여름에 개울에서 물놀이를 하다가 새끼붕어와 송사리, 피라미들을 잡다 '우리 연못에서 살라'고 집어넣곤 했다. 그런데 이상하게도 며칠 못가서 그들은 단 한 마리도 남아 있지 않고 늘 그곳에 살던 몇 마리의 금붕어들만 그대로 남아 있었다. 개울로 이어진 좁은 수로를 용케도 빠져나가 모두 저 놀던 곳을 찾아간 것이다.
 이렇듯 활기차고 건강했던 집이었지만 거기 살던 알맹이들이 하나 둘…, 도시로 빠져나가면서 집은 차츰 헐렁해지다 마침내는 빈 집이 되었다. 그리고 무심한 시간의 궤적이 집을 매미허물처럼 만들어 놓은 것이다.
 가족이 모두 고향을 떠나 서울로 오면서도 어머니는 고향에 집이라도 남아 있어야 언제나 든든한 안식처가 될 수 있다면서 집을 팔지 않았다. 그런데 사람이 살지 않으니 아이들이 뛰어놀던 집 마당엔 금세 풀이 무성해졌다. 어머니는 때마침 도회지에서 온 어느 젊은 부부에게 사랑채를 무상으로 빌려주었다. 그 집엔 아이가 셋 있었다. 그런데 어느 날 아이들의 부모가 모두 집을 비운 사이 제들끼리 불장난을 하다 그만 사랑채를 모두 태워버렸다. 그리하여 수십 년 사랑채와 어깨를 기대던 안채는 짝지를 잃고 덩그러니 홀로 서 있게 되었다. 어머니는 화재피해를 물리기는커녕 가재도구와 옷가지를 모두 잃고 오갈 데 없는 그들에게 안채를 내주어 살게 했다. 하지만 그들은 얼마 살지 않고 다시 도회지로 이사를 나갔다.

그 후로는 1년에 두서너 번 가족들이 선산에 성묘 겸 휴가를 갔다 며칠씩 머물다 오던 것도 차츰 그 빈도수가 줄었다. 그러다보니 근 십여 년 전부터는 집이 너무 낡아서 아예 발을 들여놓는 것조차 불가능하게 되었다. 사람뿐만 아니라, 집도 서로 기대며 사람의 온기를 맛봐야 낡지 않는데 너무 오래 혼자 내박쳐 두었다.

한때는 육남매를 살지게 키워내며 반질반질하게 윤이 났던 집이었지만, 관리하지 않고 오래 비워진 세월에 장사 없다. 사십여 년 비와 바람의 무게를 홀로 외롭게 견디며 서 있는, 어린 시절 나를 품어 키웠던 내 껍질과도 같은 고향집.

지금은 6월, 저 위태로운 노구 곧 다가올 장마의 습한 바람의 무게 견딜 수 있을까. 또 한 해 나를 반길 수 있을까. 또다시 홀로 쓸쓸히 남겨두고 돌아서려니 안쓰러움에 눈앞이 뿌옇게 흐려진다.

무너진 성에서 그를 만나다

어른을 만나러 간다. 그는 연륜이 상당히 깊지만 굽은 데 없이 듬직하고 준수한 외모를 유지하고 있다. 그를 만나면 언제나 진한 포옹으로 인사를 나눈다. 그의 품이 좋아서 얼른 팔을 풀지 않는다.

내가 좀 한가한 듯싶으면 용케도 알고 그 어른이 불러낸다. 때문에 맘먹고 집안 일 좀 하려고 청소기를 들었다가도 이내 내던지고 만다. 급한 마음에 청소기를 미는 게 아니라 과속으로 온 집안을 질주하는 것으로 대충 끝내는 것이다. 그리곤 정신없이 배낭을 챙겨 어른이 기다리고 있는 그 성으로 달려간다.

남한산성은 산행코스가 다양하면서도 안전한 편이다. 성의 둘레만 약 11km 이상 되니 언제 어느 코스를 걸어도 좋다. 성 내(안)를 걷는 코스는 가족을 동반해도 좋다. 등산을 하기엔 좀

무리가 따르는 노인이나 어린이도 청량한 산 공기를 마시며 쉬엄쉬엄, 행궁과 옛 군사시설 등 역사유적을 돌아보며 걸을 수 있다. 걷다가 좀 힘들면 쉬어가라고 군데군데 놓인 벤치가 자리를 내준다.

 하지만 내가 자주 찾는 곳은 성 안쪽이 아니라, 외성인 봉암성이다. 이곳은 성곽 대부분이 많이 헐어있다. 수백 년 무수한 계절이 지나간 흔적을 고스란히 담고 있다. 그런 봉암성이 2014년 남한산성이 세계유네스코문화유산으로 등재되는 데 아주 중요한 역할을 했다고 한다. 당시 본성도 허물어진 곳이 많았으나 대부분 복원을 한 상태였다. 한데 유네스코세계문화유산(OUV:Outstanding Universal Value) 등록 적격심사를 받는 과정에서 너무 많이 복원된 본성만으론 인증을 받을 수 없는 위기를 맞았다고 한다. 그런데 다행히 성을 둘러보던 심사위원이 동장대터에서 봉암성을 내려다보곤 그곳을 찾은 것이 탈락위기를 면할 수 있는 중요한 계기가 되었다는 뒷얘기다. 봉암성은 오랜 풍상에 산화된 그대로 남아 있어서 성의 역사를 입증할 수 있었고, 세계유네스코문화유산에 등재되는 공을 세운 것이다.

 산성 중앙에서 출발하여 현절사를 지나 천천히 걷다보면 파스텔 톤으로 물들기 시작한 활엽 단풍 숲이 아늑한 느낌을 준다. 단풍의 원색은 화려해서 좋으나 원색 이전의 준비색은 은은하게 배어나는 색감이 안정감을 준다. 산길의 매력은 언제나 반

전이 있어서 지루하지 않다. 느슨하게 길을 펴줘서 편안하다 싶으면 이내 지루해지기 쉬운데, 이때쯤 길은 가파르게 몸을 일으켜 숨을 가쁘게 한다. 하지만 이도 잠깐 깔딱고개를 올라서면 길은 또 펑퍼짐한 등을 내주고 두터운 그늘이 산성 제3 암문까지 안내한다. 암문을 나가 약 50m 정도 가면 바로 또 성문이 나타나는데 봉암성으로 들어가는 문이다. 이곳은 인적이 적고 자연이 거의 훼손되지 않아 초입부터 야생화가 지천이다.

 내가 이곳 봉암성을 찾는 이유는 무너진 채로 세월을 안고 있는 자연스러움이 마음을 끌기 때문이다. 무너진 것을 복원해 일으켜 세워야 역사가 바로 서는 것일까. 나는 오히려 무너진 성벽을 보면서 이 성에 얽힌 역사를 더 깊이 실감할 수 있었다. 이뿐만 아니다. 다른 문화재도 마찬가지다. 세월의 침식에 의해 문화재의 역사나이도 짐작할 수 있는 것이다. 그런데 왜 그렇게 서둘러 이질적인 느낌이 들도록 복원을 하는지 모르겠다. 예를 들어 이태리의 고대 로마유적지 프로로마노를 보면 알 수 있다. 2,500여 년의 유구한 세월. 무너진 그대로를 유지하고 있어 그 자체로 연륜과 함께 그들의 역사를 더 실감나게 보여주고 있지 않는가.

 봉암성을 위(동장대터)에서 내려다보면 마치 표주박 모양으로 입구 쪽은 좁고 길게 이어지다 넓어지는 형세이다. 넓어지는 지점에 이르면 갈림길이 나타난다. 여기서 나는 윗길로 간다. 이 길은 봄엔 진달래 꽃길이 이어진다. 키를 낮게 하면 각시붓꽃을 볼 수 있고, 좀 더 낮춰 자세히 들여다보면 귀한 봄구슬붕이 꽃도 볼 수 있다. 키 작은 꽃들은 사람을 겸손하게 유도한다. 자세를 낮추지 않으면 볼 수 없기 때문이다. 지금은 구절초, 감국, 자주쓴풀 등 가을꽃들의 무대다. 누리장나무는 분홍색 깍지가 씨앗을 품고 있는데 그 모양이 마치 작은 꽃봉오리 같다. 그리고 씨앗이 여물면 깍지가 꽃받침처럼 씨앗을 받쳐준다. 언뜻 보면 그 모양새가 꽃처럼 보여 봄, 가을 일 년에 두 번 꽃이 피는 인상을 준다.

누리장나무 군락지 저편에서 어른이 나를 기다리고 있다. 이 숲을 가로지르면 그야말로 몇 발짝인데 나는 일부러 다른 길로 에둘러 간다. 어쩌면 이 에두름은 어른을 만나는 기대와 반가움의 비례일 것이다. 성곽을 우측으로 돌아 벌봉으로 가는 중간쯤. 그 어른이 서 있다. 나는 그제야 잰걸음으로 다가가 어르신과 진한 허그(hug)를 한다. 굴참나무 어른 품에서 힘찬 기운이 전해진다. 어른은 지금 한 해 농사를 야생동물들의 겨우살이를 위해 아낌없이 쏟아주며 겨울을 나기 위해 무게를 덜고 있다. 동행한 친구가 왜 굴참나무를 어르신이라 부르느냐고 묻는다. 나는 햇살과 바람, 천둥과 눈비를 온몸으로 체득하며 서 있는 저 굴참나무가 우리보다 훨씬 연륜이 깊으니 어르신이 아니냐고 반문한다.

지금 우리나라는 어른 부재중이다. 말 그대로 '100세 시대'라 장수하는 사람들은 많으나 안타깝게도 어른이 없다. 칠팔십 년대 우리나라에 어렵게 민주화가 이루어질 때 정치와 국민의 요망(要望), 그 격렬한 사이를 온몸으로 맞서며 중재해 주셨던 어른들(김수환 추기경. 법정스님 등)이 세상을 떠난 지 십여 년이 흘렀다. 현재 우리 국민은 또 다시 정치이념으로 흔들리고, 취업난과 경제 불황으로 많은 어려움을 겪고 있다. 그런데 이런 어려움을 겪는 국민을 위로하고 대변해줄 어른이 나타나지 않는다. 그래서 차라리 사람보다 나무로부터 위안을 받으려는 의도인지도 모르겠다.

봉암성 굴참나무는 짐작컨대 수령 이백은 족히 넘음직하다. 그는 무너진 성에서 큰 그늘로 주변 온갖 생물들을 지켜주고, 작은 나무들의 바람막이가 되어주고 있다. 지금 이 시대 우리에게도 그런 그늘을 드리워줄 어른 어디에 아니 계실까.

달마가 웃다
- 달마산 도솔암

　까마득한 벼랑 위에 서서 발아래 펼쳐진 다도해를 내려다본다. 굽이굽이 가파른 암릉을 숨이 턱에 닿게 올라 부처님을 뵙고 숨을 고르자니 말로만 듣던 극락정토가 바로 이곳, 이런 황홀감의 상태가 아니겠는가 하는 생각이 든다.
　가만히 앉아 더디 오는 봄을 기다리자니 조급증이 났다. 겨울과 봄의 경계에 선 계절. 봄을 미리 마중할 양으로 배낭을 챙겨 남도로 달렸다. 자동차로는 더 이상 달릴 수 없는 육지의 최남단 '토말'이다. 선붉은 동백은 바다를 건너오는 봄바람에 속절없이 지고 진달래가 수줍게 꽃봉오리를 열기 시작했다.
　어제는 두륜산을 오르다 갑자기 비가 내려 아쉽게도 정상을 코앞에 두고 돌아서야 했다. 전날의 아쉬움을 내려놓고 오늘은 두륜산과 이웃한 달마산을 오른다. 천년사찰 미황사를 왼쪽으로 끼고 오르는 산길. 내딛는 발자국마다 붉은 동백이 밟혀 그야말로 길이 온통 핏빛이다. 눈보라 속에서도 자신을 뜨겁게 불태웠던 동백. 그 열정은 지는 모습 또한 단호하고 망설임이 없다. 고운 꽃을 주저 없이 통째로 툭툭 내던진다. 밟히는 꽃이 너무 아까워서 나는 몇 걸음마다 꽃을 주워 돌 위에, 바위 위에 옮겨놓는다. 이곳 해남 달마산은 중북부의 산빛과 다르다. 아직 나무들이 새움을 틔지 않았는데도 희뿌연 보랏빛이 아니라 초록빛이 많다. 기후가 따뜻해 활엽수이면서도 상록하는 나무가 많기 때문이다. 완만한 상록 숲을 벗어나자 산세는 갑자기 가팔라지고 발밑엔 이따금씩 다져진 눈까지 밟힌다. 어제 내린 비가 이곳에선 눈으로 내렸나보다. 남도의 금강산이라 불릴 만큼 들쑥날쑥한 기암괴석이 수려한 달마산. 바위 등에 업힌 진달래도, 저만치 무리를 이룬 진달래도 봄을 많이 기다렸나보다. 봄눈이 길 하지만 차가운 눈을 딛고서도 꽃망울을 터뜨리고 있다. 검은 바위 색과 대비를 이룬 꽃빛이 유난히 붉고 선명하다. 어린 진달래에 마음 빼앗겨 눈을 맞추며 걷다보니 어느새 달마봉(불썬봉) 정상(해발 489m)이 바로 머리맡에 있다. 정상엔 사람들이 하나씩 올려놓은 돌이 쌓여 제법 큰 돌탑을 이루고 있다. 발아래 펼쳐진 다도해를 바라보며 숨 한번 크게 쉬고 나도 돌 하나를 주워 탑에 올린다. 2016년 봄, 달마대사의 법신이 늘 상주한다는 상서로운 달마산에 내 여정의 점 하나를 찍는 것이다.

출발 때의 계획은 우선 달마봉 정상을 오르고 거기서 능선을 따라 도솔암이 있는 도솔봉으로 가려고 했으나 불가피하게 산행코스를 변경해야만 했다. 달마봉에서 도솔봉까지의 거리는 5.1㎞이고 험한 암릉길인데다, 군데군데 빙판이 남아 있어 다시 미황사 쪽으로 하산한다. 눈 녹은 물이 가파른 등산로를 타고 흘러 상당히 미끄럽다. 산을 오르기 전 급한 마음에 미황사 부처님께 들르지 않았는데 무사히 내려와서 감사한 마음으로 부처님과 달마대사께 마음으로 큰절 올린다. 절 마당에 넉넉하게 자리하고 앉은 달마께서 '거 봐라' 하시며 껄껄 웃으신다. 돌아서는 뒤통수가 자꾸 근지럽다.

불썬봉에서 능선을 타고 발아래 펼쳐지는 풍광을 조망하면서 걷는다면 더없이 좋겠으나 여건이 허락지 않을 땐 도솔암을 비교적 쉽게 가는 길이 있다. 미황사에서 차를 타고 마봉리 마련마을로 간다. 도솔봉 아래 이곳 마련마을은 옛날 제주도에서 말을 싣고 와 풀어두었다고 해서 붙여진 이름이란다. 이 마을을 지나면 구불구불 좁은 임도가 시작된다. 임도 주변이 근래 우리나라에서 보기 드문 민둥산이라 의외였다. 최근 몇 년 전에 큰 산불이 나서 그렇다고 한다. 임도는 도솔봉 중계탑 아래서 끝난다. 임도가 끝나는 곳에 '도솔암 800m'라는 표지판이 있다. 표지판 화살표가 가리키는 산허리로 들어선다. 길은 좁다. 산허리를 끼고 나선형으로 오르다 길을 막아서는 바위를 만나면 숨 한번 고르고 바위를 비켜 S자로 돌며 급경사를 오르기도 한다. 늦은 오후라 인적이 드문데 여승 한 분이 내려온다. 합장하니 스님도 합장하며 "얼마 남지 않았습니다. 어서 가보세요."라고 한다. 그 말을 들으니 마음이 더 바빠진다. 꼬불꼬불 길을 걷다 보면 바다 쪽이 보이다 방향이 바뀌어 내륙 쪽이 보이기도 한다. 그렇게 다시 한 고개를 넘으니 깎아지른 절벽 위에 기대어 선 암자가 나타난다. 도솔봉(해발 421m) 9부 사면(斜面)에 위치한 도솔암이다. 암자로 들어서는 입구는 몸을 옆으로 틀어서 겨우 한 사람씩 드나들 수 있다. 그런데 일단 그곳에 들어서면 의외로 아늑하다. 암자 뒤로는 병풍 같은 바위가 있고 앞은 돌담으로 둘러싸여 담 밖을 내다보지 않으면 까마득한 절벽에 서 있다는 느낌이 들지 않는다. 통일신라 말기 의상대사가 창건했다고 알려진 도솔암은 수려한 기암괴석들을 마치 수 백 불상처럼 거느리고 푸른 다도해를 한눈에 내려다보고 서 있다. 세속을 외돌아 앉아 눈 지그시 감은 부처님을 뵙고 몰아쉰 숨을 길게 토한다. 아무 생각이 없다. 그저 말없이 산 아래 풍광을 바라보다 눈을 감으니 현기증처럼 의식이 아득한데 몸과 맘은 날 듯 가볍다. 그 느낌이 좋아 마냥 그렇게 서 있고 싶었다. 하지만 그도 잠깐, 연인인 듯싶은 남녀가 서로 사진을 찍다 내 배낭을 툭 치는 바람에 놀라 눈을 뜬다. 아~, 아쉽게도 금세 놓치고만 그 황홀감! 비록 짧은 순간이었으나 그 가벼움의 순간을 오래 잊을 수 없을 것 같다.

이곳에서 약 6~70m 떨어진 도솔암 발치에 삼성각이 있다. 도솔암의 비경을 제대로 감상하려면 삼성각으로 내려가서 눈을 들어 올려다봐야 비로소 도솔암, 극락정토가 까마득한 절벽 위에 있다는 것을 실감한다.

산속에서의 해는 짧다. 어느새 저녁노을로 다도해가 붉게 물들고 나는 서둘러 산을 내려가야 한다. 돌아가야 할 일상, 당장 장시간 서울로 올라가야 할 걱정부터 앞선다. 내려놓은 줄 알았던 세속의 짐들이 도솔암을 채 벗어나기도 전에 하나, 둘 어깨에 얹힌다. 이와 같은 삶의 반복이 늘 해탈을 꿈꾸게 하는 중생의 삶 아닐는지…! 해탈의 시간은 순간에 지나지 않고 그 여정은 길다.

구걸하는 너구리

　자연 다큐멘터리 같은 생태프로그램을 좋아한다. 그래서 내셔널지오그래픽 '동물의 왕국' 등을 즐겨 보는 편이다.
　동물의 세계를 보면 모성애가 사람 못지않게 지극하다. 먹이를 챙기고 거두는 것은 물론 때론 새끼를 지키기 위해 희생까지도 감내하여 감동을 자아낸다. 그런 한편 자립과 위계질서 또한 분명해 독립할 시기가 되었을 땐 매서우리만치 냉정하고 혹독하게 훈련을 시켜 새끼를 떼어 놓는다. 자생능력을 키워주는 어미의 현명한 처신이 어느 면에선 인간보다 지혜롭다는 생각이 들 때가 종종 있다. 그 지혜와 신비를 말하자면 어디 동물뿐인가. 하물며 식물도 마찬가지다. 식물의 종자도 움을 틔우고 떡잎의 역할, 영양공급이 끝나면 그담부터는 스스로 자생하도록 자신의 껍질을 가만히 내려놓는다. 이렇듯 스스로 자생할 수 있으면 그렇게 하도록 훈련시키고 놔두는 것이 자연의 생태질서인 것이다. 그런데 참으로 아이러니한 것은 이성을 가진 인간만이 오히려 그 질서를 파괴하고 실천하지 못한다는 사실이다.

서울 양재천변에 너구리 가족이 살고 있다. 서울 도심에서 야생너구리의 발견은 큰 화젯거리였다. 모 방송국에서는 잠복취재를 하면서 그들의 생태를 촬영해 동영상을 보여주며 한동안 난리법석을 떨었다. 거기까진 좋았다. 하지만 그 프로그램이 방영되고 난 후 사람들의 반응이 폐단을 남기고 있다. 너구리 가족이 양재천에 살고 있다는 소식을 들은 사람들은 산책을 나올 때마다 햄이며 먹을거리를 가지고 나가 너구리에게 던져주기 시작했다. 처음에는 사람의 접근을 꺼려 도망을 치던 너구리가 이젠 아예 새끼들까지 길목으로 데리고나와 사람이 먹이를 던져주길 바라고 서 있는 것이다. 사냥보다는 사람들의 관심을 사서 쉽게 먹이를 얻을 수 있는 방법을 택하고 있다.

너구리에게 관심이 있으면 가만히 지켜나 보고 그들의 습성대로 물고기를 사냥하거나 열매를 따먹으며 살도록 놔두면 참 좋았으련만, 사람의 과잉친절이 결국 너구리를 구걸하게 만들었다. 이렇게 되면 너구리는 차츰 자생능력을 잃는다. 그리고 어느 순간 또 사라질지 모른다. 그뿐 아니다. 그렇게 되면 먹이사슬 또한 제대로 이루어지지 않아 생태질서까지 파괴될 수 있다. 최근 상위 동물이 없어 개체수가 기하급수적으로 늘어난 멧돼지의 횡포가 심하다는 보도는 이미 새로운 얘깃거리가 아니다. 농부들이 여름내 땀 흘려 지은 농작물을 멧돼지들이 떼를 지어 내려와 순식간에 망쳐놓고 사라진다고 한다. 수확을 앞두고 부풀었던 농부의 마음은 허탈하기 그지없다. 멧돼지의 출현은 농촌에서 뿐만 아니라 도심에서도 심심치 않게 일어나고 있다. 한때는 사냥이 금지되었던 멧돼지였지만 이런 상황에선 어쩔 수 없이 사냥이 허용되고, 결국 '야생동물을 보호하자!'고 외쳤던 사람이 멧돼지의 천적 역할을 할 수밖에 없는 것이다.

야생동물 세계에 사람이 개입하지 않았더라면 이와 같은 상황이 일어나지 않았을 것이다. 아니 적당히만 했어도 이런 지경까지 왔겠는가. 너구리에게 보인 사람의 과잉친절. 지나친 간섭은 동물에게 뿐만 아니라 사람, 특히 아이들에게도 좋지 않은 영향을 미치고 있다.

요즘 부모들 자녀들을 너무 과잉보호하고 감싸 키우다 뒤늦게 후회하는 경우를 종종 본다. 무엇이든 스스로 할 수 있는 나이가 되면 제가 할 수 있는 것은 제가 하도록 놔둬야 한다. 그런데 내 자식 귀하다고, 아니면 무조건 공부만 해야 한다고 모든 걸 다 부모가 대신 해준다. 그들은 성년이 되어도 자기 일을 주도적으로 처리하지 못하고 늘 누군가에게 의존하는 수동형이 돼가고 있다. 그러면서도 남의 충고는 견디지 못하고, 작은 시련에도 금방 좌절하고 사회생활에 적응을 못하는 것이

문제다. 그러다 보니 사회에 나와서도 쉽게 직장을 포기하고 심지어는 결혼을 해서까지 부모에게 손을 벌려 생활비를 받아쓰는 경우도 심심치 않다고 한다. 자식 뒷바라지에 지친 부모는 이제 와서야 '너는 어째 그 나이 먹도록 제 밥벌이조차 못하고 부모에게 의존하느냐?'고 충고하지만 자식은 오히려 부모 탓을 한다. 일거수일투족을 지나치게 간섭하며 자신을 수동적이고 사회적 면역력 없이 키운 부모 잘못 아니냐고.

어떤 그룹대화에서 있었던 얘기다. 이분이야말로 자신의 생활을 접고 오로지 자녀 뒷바라지에만 온갖 정성 다 들여 누구나 부러워하는 최고 명문대에 아들을 입학시킨 부모다. 그런데 요즘 그녀가 최선인 줄 알았던 자신의 자녀교육방법을 후회하며 절실히 뉘우치고 있다면서, 젊은 엄마들은 자신처럼 아이를 키우지 말아달라고 당부하는 것을 보았다. 그리곤 친구의 예를 들어주며 그 친구가 너무나 부럽다고 했다. 친구는 강남의 극성 엄마들 사이에서 "당신 아들 고3 맞아? 당신 계모 아니야?"라는 소리를 들을 정도로 자녀에게 냉정할 땐 냉정하게 대하며 무엇이든 제 스스로 알아서 하도록 길들였다. 그 아들은 비록 명문대는 가지 못했으나 학과 선택에서부터 앞으로의 진로방향까지 스스로 개척했다. 지금은 국비 장학생으로 외국유학을 하고 있으며 국가에서도 기대주로 주목하고 있다고 한다. 반면 전자인 명문대 출신의 아들은 속된 말로 방귀만 뀌려고 해도 "어머니,

그래도 될까요?"라고 물을 정도여서 어머니의 가슴을 미어지게 한단다.

일찍 혼자되어 두 자녀를 키운 선배가 있다. 선배의 자녀들은 어릴 때부터 집안일을 거드는 것은 물론이요, 아르바이트를 해 어머니의 경제적 부담을 조금이라도 덜어주려 애썼다. 그렇게 어머니를 도우면서 사회생활에도 내성을 키운 아들은 졸업과 동시에 대기업에 취업해 사회인으로 당당한 출발을 했다. 딸도 무대장치 전문인으로 확고하게 자리를 잡아 일하고 있다. 그런데도 성인이 된 남매가 가끔 어머니에게 짜장면을 사달라고 조르며 어머니가 사주는 짜장면 한 그릇에 그저 행복해하며 맛있게 먹는다고 한다. 그들이 어머니를 조르는 것이 어찌 짜장면 한 그릇 때문일까. 아이처럼 조르는 그 속마음부터가 어머니에 대한 배려일 것이다. 어머니라는 존재의 소중함을 담고 있는 심성에서 비롯된 것이 아니겠는가.

무엇이든 너무 쉽게 얻으면 취한 것의 소중한 가치를 잘 모른다. 따라서 내가 힘들여 얻은 것이 아니기 때문에 낭비하기도 쉽다.

겨울산

겨울산은 가난한 성자다.
성자는 그가 가진 것을 아낌없이 내어주지만
마른 성자의 몸피에 깃들여 사는,
그들의 연명은 하루하루가 위태롭다
　　　　　　　　　　　　　　- 졸시 중에서

　산에 들어서자 여느 때와 다르게 새들의 지저귐이 크다. 눈 쌓인 산은 무채색만으로도 참 아름답다. 거기다 환한 햇살까지 더해지면 설경은 반사되는 빛으로 인해 화려하기까지 하다. 산을 오르는 사람들 마음이 달뜬다. 왁자지껄, 서로 앞 다투어 눈 위에 경쾌한 발자국을 찍으며 산을 오른다. 산길을 걷다보면 심심치 않게 짐승들의 발자국도 본다. 나란히 간 발자국도 있지만 발자국이 이리저리 엉켜있는 곳도 있다. 이런 발자국을 보면 여러 마리가 한꺼번에 뒤엉켜 그곳을 지났을까. 아님 혼자 가다 길을 잃고 오락가락 헤매었을까. 여러 가지 상상을 하는 것도 겨울 눈 산에서의 재미다.

까치가 나뭇가지에 쌓인 눈을 날리며 이 나무에서 저 나무로 분주히 옮겨 난다. 까치 때문에 흩날리는 눈가루 조금 뒤집어쓰는 것쯤은 기분이 괜찮다. 눈부신 설경을 카메라에 담으며 걷다 보니 벌써 정상이 코앞이다. 앉아 쉴 곳을 찾는다. 그런데 어디서 형제인 듯 **빼닮은** 고양이 두 마리가 나타나 우리를 따라온다. 그냥 제 갈길 가겠지 했는데 그게 아니다. 자리를 펴고 앉자 바로 발치까지 다가와서는 "앵~ 앵~" 운다. 애처로운 울음과 눈빛이 먹을 것 좀 달라는 눈치다. 가지고 간 **빵** 조각을 조금 떼어 주니 쫓아오긴 했어도 우리를 경계하며 저만치 배회하던 놈까지 허겁지겁 달려들어 **빵** 조각을 물고 가서 먹는다.

눈이 내리면 산에 짐승들의 먹이가 없다. 짐승들은 눈 덮인 산에 고립되어 며칠씩 굶다가 사람을 만나면 경계고 뭐고 없다. 그저 배를 채워 살고 보자는 생존본능으로 위험을 무릅쓰고 다가온다. 평소엔 멀리서 인기척만 느껴도 후다닥 도망가던 야생동물들이 이렇게 겁 없이 사람에게 다가오는 것은 그들이 얼마나 굶주렸으며, 끼니가 절박한지를 짐작할 수 있다. 그리고 보니 앞서 이 나무에서 저 나무로 오가며 깍깍 짖어대던 까치도 먹을 것을 달라고 우릴 따라오며 보챘던 것 같다. 그런데 눈

구경에 마음이 달떠 속도 모르고 까치들도 눈을 좋아해서 수다스럽게 짖어대는 줄만 알았다. 고양이 두 마리가 빵 한 개를 다 먹어치우고 자리를 뜬다. 다행히 오늘은 날씨가 포근해 소복이 쌓였던 눈이 금세 녹기 시작한다.

  겨울산은 눈이 녹아도 먹을 것은 여전히 귀하다. 풀잎과 열매는 이미 진 지 오래고, 산은 앙상하게 마른 몸피로 추위와 맞서면서도 풀씨 하나, 쪼글쪼글 말라붙은 열매 하나까지 짐승들에게 내어준다. 하지만 겨울산의 궁핍은 저들의 배를 채워주지 못한다. 산은 굶주려 나오지도 않는 젖을 아기에게 물리는 처절한 어머니의 모성애 같기도 하다. 그런 겨울산의 비애는 모든 것을 다 내어주고도 얼어 죽거나 굶주려 죽은 그들의 사체를 품고 산화시켜야 하는 아픔도 간직한다. 우리가 자리하고 앉은 소나무군락 주변으로 까마귀들이 새까맣게 모여든다. 저들은 또 얼마를 굶주렸을까. 사람들이 머물다가 간 자리에 무슨 부스러기라도 먹을 것을 떨어뜨리고 갈까봐 모여드는 것이다. 배낭을 샅샅이 뒤져 부스러진 과자 하나까지도 모두 찾아내 동그랗게 쏟아놓고 짐을 챙겨 일어선다. 자리를 뜨기가 무섭게 까마귀들이 곤두박질치듯 우리가 앉았던 자리로 내려앉는다.

  다음 산행 땐 새들에게 줄 모이 한 줌 챙겨가지고 와야겠다.

그 품에 안기다

　그 품은 세월이 더해도 변함이 없다. 얼마만인가. 묻지도 않는데 곧 다시 오겠노라고 호언장담을 하며 지키지도 못할 약속을 했었다. 그리고 6년여가 지난 오늘에서야 다시 찾는다. 넓고 우람한 그 품에 들 생각으로 간밤엔 잠도 설쳤다.
　6년 전의 5월 말경이었던가. 늦은 밤 태백의 산골숙소에 도착하니 높은 산봉우리들로 둘러싸여 겨우 도래방석만큼 열린 하늘. 탱글탱글 여문 별들이 금세 쏟아져 내릴 듯했다. 나는 여장을 푸는 것도 잊고 이슬이 내려 옷이 축축해질 때까지 별을 바라보다 새벽녘에야 잠자리에 들었다. 그리고 다음날 부스스한 얼굴로 산행을 해야 했다. 그런데 매우 민망할 만큼 맑디맑은 연분홍 철쭉을 보여주던 태백산. 내년에도 꼭 다시 오마했는데 6년여가 지나고 한겨울이 되어서야 오게 되었다. 오늘은 철쭉

대신 눈꽃이다. 임도를 걷다 유일사를 지나자 본격적인 등산로가 시작된다. 눈이 두텁게 쌓여서 등산로 계단의 각이 다 없어졌다. 사람이 밟지 않은 곳의 적설량을 스틱으로 찍어 재보니 80㎝를 족히 넘는다. 길 양옆의 철쭉나무에 연분홍 철쭉꽃 대신 탐스런 눈꽃이 목화송이처럼 피었다. 주목도 푸른빛은 보이지 않고 온통 눈부신 은빛이다. 산 전체가 온통 은세계다. 각양각색 꽃들의 향연도 아니요 울긋불긋 단풍도 아닌, 무채색만으로도 이렇게 아름다울 수가 있을까. 눈꽃의 장관, 그 황홀한 풍경을 표현할만한 어떤 미사여구도 떠오르지 않는다. 다만 놓치고 싶지 않은 이 장엄한 풍광을, 할 수만 있다면 얼른 냉장고 문을 닫듯 쾅 닫아서 그대로 보관하고 싶다. 이대로 문을 닫아 두었다가 한여름에 열어 펼쳐봤으면! 하는 생각은 말도 안 되는 욕심. 감출 수 없는 인간의 속성이다.

　주목군락을 뒤로하고 장군봉으로 오른다. 키 낮은 관목들이 일제히 바람이 불어가는 방향으로 엎드려서 새의 깃털 모양으로 상고대 날을 세우고 있다. 조금 전 9부 능선까지만 해도 바람이 부는지조차 몰랐는데 정상에 다다르면서부터는 온몸으로 바람을 밀며 걷는다. 설상가상으로 싸락눈이 얼굴을 때려 눈을 제대로 뜰 수도 없음은 물론이고, 너무 추워서 말을 하면 상대방에게 전달되기도 전에 그대로 얼어붙는 기분이다. 바람에 떠밀려 제자리걸음을 하고 뒷걸음을 치기도 하면서 장군봉(1,567m)을 거쳐 천제단

(민속자료 제228호)에 닿는다. 천제단, 자연석으로 둥글게 쌓은 담 중앙에 '한배검'이라고 쓰인 비석이 있다. 이곳에 서서 내려다보면 남으로 달려가는 백두대간의 힘찬 산맥이 준마의 늠름한 갈기 같다. 주변 산들은 수백의 말들이 마치 준마를 호위하며 달리는 것처럼 보인다. 삼국사기에 왕들이 친히 이곳에 올라 성조 단군께 천제를 올렸다고 전해지는 만큼, 한반도 백두대간의 중추로써 장중한 위용과 신령스런 기운이 피부로 느껴진다.

입김이 얼어붙고 속눈썹에 고드름이 달려서 정상에 오래 머무를 수가 없다. 일행 중 문수봉을 가보지 않았다는 분의 청이 있어 문수봉으로 간다. 장군봉에서 문수봉으로 이어지는 능선을 신라인들은 '하늘고개'라는 뜻의 '천령'이라 불렀다고 한다. 문수봉으로 가는 중간쯤 오른쪽으로 살짝 비켜 부쇠봉(해발 1,546.5m)에 잠깐 들른다. 태백산에서도 부쇠봉이 진짜 백두대간의 중추점으로, 표지석이 있다. 부쇠봉은 단군의 아들인 부쇠왕자의 이름을 따서 붙여진 이름이라고 전해진다.

육산인 태백산에 너덜경이 있다. 우거진 숲 부드러운 흙(지금은 눈)을 밟고 걷다 갑자기 나타나는 돌무더기, 이곳이 바로 문수봉이다. 육산의 정상에 돌너덜이 매우 인상적이다. 문수봉이라는 이름은 신라 진평왕 때 지장율사가 태백산에 문수보살을 모시기 위해 절(망경사)을 지었다는 데서 비롯되었다고 한다. 내가 처음 여기 왔을 땐 맨 위의 큰 돌탑 외엔 다른 돌탑은 없었던 것으로 기억되는데 지금은 여러 개의 돌탑이 있다. 서울에서 내려온 한 처사가 계속 돌탑을 쌓고 있다. 눈보라가 너무 세서 눈을 제대로 뜰 수조차 없는데 바로 지근에서 둥둥 당당 둥둥 당당… 굿하는 소리가 들린다. 세찬 눈보라에도 소리는 그칠 줄 모른다. 바람이 세찰수록 무녀의 굿 소리는 점점 더 커진다. 아니 절규에 가깝다. 무엇이 얼마나 절박하면 이토록 맹추위와 싸우며 굿을 계속 할까. 저 소리를 듣고 있자니 불현듯 잊고 있었던 그분 생각이 난다.

나 어릴 때 당숙모 한 분이 무당이었다. 그분은 인상이 아주 무섭고 고약하게 생긴데다 욕을 잘해서 그분이 우리 집에 오는 게 너무 싫었다. 게다가 병든 우리 아버지를 굿으로 살릴 수 있다며 어머니로 하여금 자주 굿을 하게 했는데 아버지는 단 한 번의 회복 기미도 보이지 않고 그대로 세상을 떠나셨다. 그리곤 아직 걸음마도 못하는 내 막냇동생을 무섭게 노려보면서 "저년이 태어나 제 아비를 잡아먹었다."라고 입에 담지 못할 악담을 했다. 난 어린 마음에도 그 말과 동생을 노려보는 눈빛이 너무 끔찍하고 소름이 끼쳤다. 그 후로 그녀가 우리 집엘 와도 나는 눈도 마주치지 않았다. 그녀에게선 선량함이라곤 도대체 찾아볼 수가 없었다. 아기를 낳지 못하는 당숙에게 딸을 넷이나 데리고 재취로 들어와 그 딸들을 다 시집보낸 다음 당숙 몰래 재산을 빼돌려 떠났다. 당숙은 그 충격으로 병이 났고 치매를 앓다 비참하게 최후를 맞았다. 자식 없는 당숙의 장례를 우리 집에서 치르고 삼우제가 지난 다음 날 그녀가 찾아왔다. 일말의 양심은 있었던 것인지 떠나고 없는 당숙을 위해 굿을 하겠다는 것을 우리 어머니가 허락하지 않고 그냥 돌려보냈다. 나중에 들었는데 그녀는 어느 추운 겨울 굿을 하고 집으로 돌아다가 뺑소니차에 치여 세상을 떠났다고 한다.

태백산은 무속인들 간에 영험한 곳으로 알려져 전국의 무당 후보생들이 이곳에 와서 굿을 하고 신내림을 받는다고 한다. 우리 당숙모도 무당이 되기 위해 저토록 절박한 굿을 하고 신내림을 받지 않았을까. 그렇다면 왜 선량하지 못하고 사람들을 아프게 하고 자신도 비참하게 세상을 떠났을까. 내 어린 가슴에 박힌 못은 그녀가 세상을 떠난 오랜 세월에도 여태껏 남아 있었다. 그런데 오늘 웬일일까. 처음으로 그녀에 대한 측은지심이 든다. 문득 그분을 미움으로부터 놓아 주어야겠다는 생각이 든다. 내가 대자연의 너른 품에 들어 몸과 마음을 치유 받으니 나도 가슴을 열어 이젠 당숙모에 대한 숙한(宿恨)을 청산해야 하지 않을까 싶다.

하산은 당골 쪽으로 한다. 망경사에 들러 샘물(龍井) 한 모금을 마시고 나니 속이 쏴~하게 씻긴다. 늦은 시간이라 인적이 드물고, 눈은 내리지 않는데 쌓인 눈이 바람에 날려 순식간에 길을 지워버리곤 한다. 내려오는 내내 군데군데 길이 보이지 않아 잘못 들면 엄청난 적설에 푹푹 빠지면서 어려움을 겪는다. 하지만 오늘 당숙모에 대한 감정의 체중을 내려놓아서인지 마음만은 깃털처럼 가볍다.

탄천의 사계

- 겨울

무채색의 겨울 탄천은 한 폭의 수묵화다. 하얗게 눈 덮인 드넓은 갈밭, 마른 갈대가 바람에 잔설을 털고 스적스적 몸을 부비며 부지런히 씨앗을 날린다.

연일 혹한이 계속되고 있지만 이곳 탄천은 웅크리지 않는다. 하물며 마른 풀들도 끊임없이 종자를 날리는가 하면 꽁꽁 언 흙조차 새 움을 보듬어 품고 있다. 어디 그뿐인가. 수많은 철새들도 연신 자맥질을 하며 강을 잠재우지 않기 때문이다. 도심을 통과하는 다른 강(하천)들과 다르게 이곳 탄천은 인공적인 조경이 비교적 덜 이루어진 곳이다. 일부 조경이 이루어졌다 해도 예전에 졸속으로 조경된 것과는 다르게 자연친화적으로 조경되어 거부감이 없다. 그러니 자연, 철새들도 많이 날아오고 원래 자생하던 각종 생물들이 거처를 옮기지 않고 그대로 서식한다.

지금은 겨울이라 인적이 드문 편지만 이곳 산책로와 자전거 길을 이용하여 운동을 하는 사람들 또한 운동 장소로써의 혜택만 누리는 게 아니다. 도심에서는 맛보기 어려운 자연의 시각적 변화와 소리까지 듣고 보게 되니 탄천에서는 일거양득을 취하는 셈이다.

겨울 탄천, 생태의 모든 대사가 멈춘 듯 보이나 생성의 치열함을 내보이지 않는 만큼, 나름 내실 있는 봄을 준비하고 있는 것이다. 그 쉼 없는 몸짓들은 머지않아 불끈 흙을 밀고 올라와 푸른빛, 울긋불긋한 꽃들로 싱그러운 봄을 장식할 것이다.

- 봄

겨울이 자리를 양보하고 물러갈 듯, 물러갈 듯하면서도 못내 무엇이 그리도 아쉬운지 또 심술을 부린다. 하지만 쥐죽은 듯 숨을 죽이고 기다리던 봄은 시샘추위가 물러가자마자 어느새 굳었던 대지를 들썩거리며 연둣빛 움을 밀어 올린다. 양지 녘에는 뽀얀 애쑥이 꼬물꼬물 움을 틔우고 하루가 다르게 쑥쑥 발돋움을 한다. 한편에선 찰랑찰랑 녹둣빛 버드나무 가지를 흔들며 새들이 분주하다. 봄은 생산의 계절, 조류들의 산란기이기도 하다. 온갖 풀씨와 각종 풀벌레, 물고기가 풍부한 이곳은 새들의 보금자리로 금상첨화다. 산란기를 맞은 새들은 서로 짝을 찾아 짝짓기를 하느라 조용하던 강변이 매우 소란스럽다.

한편 이곳 탄천은 동식물의 봄맞이로만 바쁜 것이 아니다. 겨우내 어깨를 움츠렸던 사람들도 무거운 겨울옷을 벗고 가볍게 뛰며 봄을 맞는 얼굴이 환하다. 강변을 달리는 자전거 바퀴살에도 팽팽하게 탄력이 붙는다. 롤러보드를 신고 아빠의 자전거 꼬리를 잡고 미끄러져 달리는 아이의 웃음이 봄 햇살처럼 퍼진다.

나는 달리던 자전거를 세워놓고 봄나물을 캐는 여인들 곁으로 다가가 바구니 속을 들여다본다. 달래, 냉이, 쑥뿐만 아니라 모르는 나물도 많다. 여인들은 자신들이 캔 나물을 뒤집어 보여주며 어린 시절 얘기를 꺼낸다. 예나 지금이나 여인들의 나물바구니는 단지 먹을거리인 나물만 담기는 게 아니라, 맛있는 추억이 담기는 도구다. 이곳 탄천은 도심을 흐르면서도 좀 아쉬운 대로 시골 분위기를 맛볼 수 있는, 자연생태가 비교적 잘 보존된 곳이다.

햇살 가득한 물결 위로 알록달록 물새들이 떼 지어 떠다니며 자맥질로 부지런히 봄을 퍼 올린다.

- 여름

관악산 능선을 비끼는 노을이 탄천여울에 담기며 잘 익은 복숭아 볼 같다. 아직 유월인데 30도를 오르내리는 기온은 저녁 무렵, 길게 누운 그늘을 밟고 걸어도 한증막처럼 후끈후끈한 지열이 올라온다.

　때 이른 더위로 지친 하루를 추스르기 위해 간편한 운동복으로 갈아입고, 나른하고 무겁지만 애써 가뿐한 마음 쪽으로 몸을 당겨 탄천으로 나왔다. 부지런한 사람들은 벌써 땀을 한소끔 흘려 등줄기가 축축이 젖은 채 빠른 걸음으로 앞서 걷는다.

　누가 잡아끄는 것도 아닌데 매번 억지로 끌려나오 듯 집을 나선다. 운동을 좋아하지 않는 탓이다. 하지만 이곳에 나와 보면 언제 그랬냐는 듯 절로 활기가 솟는다. 자전거를 타거나 롤러보드를 즐기는 사람, 마라톤을 하는 사람, 살진 엉덩이를 유난히 실룩거리며 걷는 사람 등 이곳 탄천은 저마다 운동하는 모습만 가만히 지켜봐도 진풍경이다. 이곳에 나와 열심히 운동하는 것을 지켜보면 나도 게으르게 놓았던 몸을 바싹 당기게 된다. 심신을 기분 좋게 수축시켜 가뿐하게 당겨주는 것은 그뿐만이 아니다. 누가 보거나말거나 저희들끼리 다복다복 일어나 무리를 지어 피어나는 개망초며, 한낮의 열기에 바싹 오그렸던 잎새를 저녁 바람에 맡기며 서서히 긴장을 이완시키는 억새도 마음을 당겨주기 때문이다.

　수면을 스쳐오는 바람은 역시 다르다. 걷다가 지쳐서 생태데크(deck)로 다리를 놓은 물가 산책로에 앉아있으면 그토록 펄펄 끓던 열기도 언제 그랬냐는 듯 어느새 서늘한 한기가 느껴진다. 가로등을 조금 비켜있는 이곳에서 밤하늘을 한참 올려다 보면 별들도 점점 선명하게, 가깝게 다가온다. 에어컨 바람을 어찌 별이 쏟아지는 강변에서 쐬는 상쾌한 저녁바람에 비길까.

- 가을

엊그제만 해도 끈끈한 습기를 머금고 무겁게 불어오던 바람이 며칠 사이 몰라보게 가벼워졌다. 강변을 걷다보면 발치를 휘감던 후덥지근했던 습기도 사라졌다. 이젠 모든 식물들이 수분보다 햇빛과 바람을 더 필요로 하는, 씨앗들이 영그는 계절임을 알 수 있다.

탄천엔 어느덧 흔히들 들국화라 부르는 벌개미취와 구절초, 그리고 노란 산국이 만발하고 있다. 물가 산책로 목조다리에서 숨을 죽이고 가만히 앉아있으면 풀벌레들의 합창도 치열하다. 벌레들의 합창에 가만히 귀를 모으고 있는데 물웅덩이 한가운데서 갑자기 '첨벙' 하고 잉어가 물 위로 튀어 오른다. 나는 소스라치게 놀란다. 자라보고 놀란 가슴 솥뚜껑보고 놀란다던가. 바로 이틀 전이었다. 어둑해질 무렵 자전거를 타고 달리는데 갈대숲에서 난데없이 시커먼 짐승이 튀어나와 자전거 앞을 가로지르는 것이었다. 너무 놀라 그만 자전거에서 떨어질 뻔했다. 너구리였다. 저도 놀라서 방향을 잃고 나뒹굴 듯 고꾸라지며 풀숲으로 숨어들었지만 가슴을 쓸어내린 나는 다리가 후들거려서 더 이상 자전거를 타지 못하고 먼 길을 걸어서 돌아왔다.

사람들이 아무리 친환경 어쩌고 하면서, 자연생태를 고려하고 배려하는 것 같지만 알게 모르게 그들의 영역을 빼앗고 있음을 부인할 수 없다.

사람을 안전하게 한다고 철조망을 쳐서 짐승들의 생태 통로를 차단하는 경우가 종종 있다. 그런데 이곳 탄천은 그런 장치가 없어서 다행이다. 간혹 불쑥 튀어나오는 짐승들 때문에 자지러지게 놀랄 때가 있지만 바람직한 공존의 형태 아니겠는가.

자연과 자연, 사람과 사람, 자연과 사람은 서로 공생의 관계로 살아가야 한다. 그것이 생태 질서이기 때문이다. 그리고 자생할 수 있는 것은 스스로 자생하도록 놔두는 것이 진정한 공생이며 배려다. 하늘은 비를 내려 땅을 비옥하게 하고 바람을 일으켜 씨앗을 날려 종자를 번식케 한다. 사람도 무엇을 지배하려고만 하지 말고 무엇이든 순리대로 맡겨보는 지혜가 필요하지 않을까.

탄천의 가을은 풍성하고 분주하다. 꽃씨나 풀씨는 알뜰히 햇볕을 챙겨 제때에 여무느라 바쁘고 다람쥐, 청설모 등 각종 야생동물들은 겨울을 날 양식을 비축하느라 무엇을 열심히 물어 나른다.

청매 오시다

　내 집에 모처럼 기품 있는 봄 손님이 찾아왔다. 정확하게 말하면 마음 성급한 내가 미리 마중하여 그를 데려온 셈이다.
　우리 집에 온 후 그는 매양 내 입가에 미소를 머금게 한다. 나는 틈만 나면 그 곁에 붙어 앉아 눈을 맞춘다. 저녁 잠자리에 들기 전에도 그와 눈인사를 하곤 행복한 잠자리에 들고, 아침에 잠에서 깨도 제일 먼저 그와 눈을 맞춘다. 한 공간에서 같이 잠들었는 데도 밤새 그의 안부가 궁금해 눈뜨자마자 그를 오래도록 들여다본다. 그야말로 그의 매력에 내가 그만 푹 빠지고 말았다.
　입춘절기가 지났지만 아직은 겨울. 조금은 포근한 날이었던가. 눈 녹은 물기를 머금었던 겨울나무가 눈곱을 떼듯, 비늘을 벗듯 묵은 수피를 벗기 시작한다. 근질근질한 몸이 나를 밖으로 끌어낸다. 겨우내 움츠렸던 내 몸피도 게으름의 각질을 벗고자 함이리라.

  부지런한 봄꽃은 겨울에도 살금살금 걸어와 담장 밑에 숨어 있다가 날씨가 풀리면 제일 먼저 기지개를 켠다. 담 밑 양짓녘엔 어느새 냉이가 하얀 꽃망울을 오롱조롱 매달고 꽃다지도 보송보송 솜털을 부풀리고 있다. 길을 걷다 쪼그리고 앉아 그들과 하나하나 눈인사를 한다. 아파트 담장을 지나와 궁마을 주택가를 한 바퀴 돌고 동네 어귀, 화원과 텃밭이 있는 이면도로를 걷는다. 제법 따사로운 햇살이 겨우내 눅눅했던 내 몸을 가볍게 들어준다. 왈츠리듬을 타듯 발걸음이 경쾌하다. 다소 빠른 걸음을 걷다가 몇 걸음 지나쳐온 길을 되짚어 가본다. 무심히 지나치는데 뒤에서 예사롭지 않은 나뭇가지가 발길을 붙잡는 것이었다. 누군가 전지를 하고는 잘린 나뭇가지를 길에 그대로 방치했다. 주워 살펴보니 촘촘히 꽃눈을 달고 있다. 잎눈이 아닌, 분명 꽃눈이다. 가지 몇 개를 주워들곤 산책을 마저 하고 집으로 돌아와 아담한 백자화병에 꽂았다. 꽃눈은 하루가 다르게 부풀어 간다. 청빛 가지에 푸른 듯 흰 꽃망울을 맺은 청매다.

    옥매 한 가지를 노방(路傍)에 버렸거든
    내라서 거두어 분 위에 올렸더니
    매화 이성랍(已成臘)하니 주인 몰라 하노라.
                            - 이후백(1520~1578)

위의 시조는 이후백이 후배 문익주에게 보낸 글이라고 전해진다. 이 시조를 직설적으로 풀이하면 초장과 중장에서 길가에 버려진 옥매화 가지를 하나 주워 분에 꽂았다. 그런데 종장에서 매화가 피더니 주인을 몰라라한다는 내용이다. 그러나 국문학자 최승범 시인은 이 시조의 해석을 다음과 같이 했다. '이후백은 문익주의 사람됨에서 매화와 같은 기품을 엿보았다. 그래서 그를 벼슬길에 추천한 만큼 여기서는 주인을 몰라보는 매화가 아니라는 것. 벼슬길에 올라서도 그가 매화와 같은 기품을 잃지 않고 공무의 구실을 다 하고 있는가를 염려하고 독려하는 뜻에서 써 보낸 것이라고 봐야한다'는 것이다.

한편 내가 이 시조를 예로 든 것은 우리 집에 온 매화와 나, 그 기품에 있어 주객이 전도된 듯함을 말하고 싶어서다. 우리 집에 와 어엿하게 자리를 잡은 매화. 버려진 것을 주워왔지만 본디 그가 지닌 기품은 내 집 베란다에 오래 터 잡고 자라는 다른 화초들을 압도함은 물론이요, 나 또한 그 앞에서는 매무새를 신경 쓰게 된다. 매화의 기품은 베란다 창문으로 들이치는 달빛에 드리운 그림자의 자태만으로도 숨을 죽이게 한다. 그럼 그 향은 어떤가. 바늘 끝의 촉처럼 예리하게 나는 듯 마는 듯 하면서도 사람의 마음을 황홀하게 사로잡는다. 가까이 있어도 멀리 있는 듯, 멀리 있어도 가까이 있는 듯, 이런 매화의 암향을 어떤 꽃향기에 견줄 수 있으랴.

매화 핀 백자화병을 원목교자상 위에 올려놓고 보니 인스턴트커피나 한 잔 타 마시려던 생각이 바뀐다. 다반을 꺼내 다기를 손질하고 다관에 찻물을 부어 작설차를 우리고 있다. 이만큼 되고 보면 어찌 주객이 전도되었다고 보지 않을 수 있는가. 매화를 피워 내가 매화를 감상하는 게 아니라, 매화가 나의 흩어진 매무새를 관리 감독하는 듯하다.

우연히 내가 그를 마중해 우리 집에 가장 먼저 봄을 열어주고 있는 청초한 저 매화. 하필이면 엄동에 가지가 잘려 길가에 방치되었으나 누굴 원망함도 없이 저토록 의연하게 몸살도 않고 한 잎 한 잎 꽃잎이 벙글고 있다. 정녕 청우(淸友), 청객(淸客), 매선(梅仙), 매군(梅君), 빙기옥골(氷肌玉骨) 등 매화의 그 다양한 이름값을 한다.

매화는 일찍이 세한삼우(歲寒三友) 사군자(四君子)의 하나로 선비들과 가까웠고 그 기품은 선비들의 삶에 정신적 표상이기도 했다.

어머니의 기일이 며칠 남지 않았다. 어머니는 2009년 겨울과 봄 사이 매화가 피는 시기에 영면하셨다. 그해는 겨울가뭄이 아주 심했었는데 어머니가 운명하시자마자 비가 내리기 시작했다. 상중에 비가 내렸지만 불편하다기보다 모두가 반기는 흡족한 단비였다. 그리곤 장지인 고향 선영에 도착하니 단비로 인해 땅은 꼬물꼬물 봄을 움틔우고 있었다. 파랗게 돋아나는 새싹들을 보니 어머니를 여읜 슬픔이 그나마 조금 위안이 되었다. 슬하에 6남매를 두고 일찍이 홀로 되어 고생만 하다 82세로 이 세상 삶을 마감하신 어머니. 어머니의 저세상 삶은 새싹 돋고 꽃피는 봄날만 같았으면 하는 간절한 마음이었고, 그 염원은 지금도 변함이 없다. 우리는 어머니 묘지 주변에 평소 당신이 좋아하시던 청매를 심었다. 청매는 촉촉한 땅에 착근이 잘 되어 바로 다음 해부터 꽃을 피우고 있다.

멀리 있어 자주 성묘를 가지 못하지만 올해도 매화는 어머니의 유택 마당에서 꽃물을 한창 길어 올리고, 어머니는 저세상에서도 우리를 보듯 매화의 몸짓을 놓치지 않고 즐기실 게다.

보춘화

그와 내가 만나 밀고 당김이 시작된 지 올해로 4년. 그는 나의 애를 참 많이도 태우더니 올해 내 생일에 즈음하여 마음을 활짝 열어주었다. 지성이면 감천이라고 했던가. 나의 끈질긴 애정공세에 그토록 도도하던 그가 드디어 활짝 웃었다.

  그의 성품은 매우 묵중하고 까다롭다. 물론 내 성격 또한 그다지 상냥하지도 못하며 느긋한 편도 못된다. 하지만 그는 참으로 과묵하고 냉정하기가 이루 말할 수 없다. 아니다. 어쩌면 그는 까탈을 부리지 않은데 내가 그의 속성을 제대로 파악하지 못하곤 까다롭고 냉정하다고 몰아세우는 것은 아닌지 모르겠다. 어쨌든 그가 내게로 왔으니 잘 지내보자며 나름 온갖 정성으로 수발을 들고 마음을 다 내주었는데도 좀처럼 반응이 없었던 것이다. 그것이 그가 지닌 일명 '군자의 지조'인지는 몰라도 그동안 끊임없이 애정공세를 하며 공들이는 나를 참 멋쩍게 했다.

　4년 전이다. 갑작스럽게 어머니를 여의고 마음을 추스르지 못해 자꾸만 야위어 가는 내 모습이 안 돼 보였던지 형부께서 "안 되겠다. 우리 처제에게 멋진 애인 좀 붙여줘야겠네!"라고 하며 당신이 아끼고, 아끼는 蘭 한 포기를 분양해 주셨다.

　우리 집은 내가 특별히 잘 거두지 않는데도 와서 보는 사람마다 부러워할 정도로 화초가 잘 된다. 떡잎만 겨우 나온 화초를 갖다 옮겨 심어도, 나무로 치면 아름드리라 할 만큼 무성하게 자란다. 10년 전 이사 올 때 축하선물로 받은 작은 화분들 로즈마리, 스타펠리아, 천리향, 천량금 등이 중형을 거쳐 대형 화분으로 옮겨 심어지고도, 또 덩치가 커져서 더 큰 화분으로 옮겨줘야 할 판이다. 토종 동백은 5~6년 전 광양 지인의 집에 놀러 갔다가 겨우 떡잎만 떨어진 어린것을 뽑아와 옮겨 심었는데, 지금은 원 줄기가 어른 엄지손가락 굵기로 자라서 제법 어엿하게 수형을 갖춰가고 있다.

　이처럼 다른 화초들은 내가 그다지 신경을 쓰지 않는데도 무성하게 자라고 계절 따라 꽃도 잘 피우는데, 蘭은 다른 화초에 비해 신경을 더 많이 써줘도 아무런 미동도 없었다. 하긴 가람(이병기)선생께서도 "화초 가운데 蘭이 가장 기르기 어렵고, 적어도 10년 이상 길러 보고야 그 미립이 난다."라고 했다. 그런데 나는 겨우 4년 남짓한 시간을 기다리고는 그를 속단하며 몰아

세운 것 아닌가. 그의 속성을 제대로 파악하지도 못하곤 조급증이 그의 생장 속도를 저만치 앞서 가서는, 기대를 따라오지 않는다고 재촉하며 오히려 새침하다고 억지를 부린 것 아닌지 모른다.

'난초병원' '난초의사'라고 불리셨던 가람선생께서 蘭은 적어도 10년쯤 길러 봐야 미립이난다고 한 것은 그쯤은 돼야 "물 줄 줄 알고, 거름을 줄 줄을 알고, 추위를 막아 줄 줄 알며, 조금만 촉냉(觸冷)해도 감기가 들고, 뿌리가 얼면 바로 죽는다."는 蘭의 생태를 알 수 있다는 것이다.

어느 해보다 매섭게 춥던 지난겨울 어느 날이었다. 화분에 물을 주다 보니 포기를 살짝 비켜서 뾰족한 것이 뽀얀 베일을 쓰고 쑥 올라와 있다. 저 신기한 것이 무엇일까? 난촉일까? 아니면 꽃대일까? 매일매일 눈만 뜨면 얼른 베란다로 가서 그와 눈을 맞추며 그 모양새를 살폈다. 하루하루 지날수록 베일은 점점 얇아졌다. 베일 속의 모양새가 꽃대임이 확실했다. 그래도 혹 입방정을 떨면 나오던 꽃대가 그대로 주저앉기라도 할까봐 말도 크게 못했다. 이 사람 저 사람 불러 꽃대가 나온다고 자랑을 하고 싶었지만 꾹 참고 묵묵히 꽃이 피기를 기다렸다. 사실 나는 저 蘭이 무슨 蘭인지 아직 이름도 모른다. 蘭은 대개 잎줄기가 비슷한 것이 많기 때문에 전문가가 아니고는 꽃이 피기 전에는 種의 구분이 쉽지 않다. 그렇다. 알고 보면 나는 그

동안 이름도 성도 모르면서 무작정 사랑한다고 했으니 상대방의 입장에서 보면 참으로 설득력 없는, 황당한 애정공세를 당한 것이나 다름없을 것이다. 참 멋없는 연애다. 아무리 말이 통하지 않는다지만 입장을 바꿔 내가 난의 입장이라도 기분 좋을 리가 없을 것이 분명하다. 그런데도 불구하고 꽃을 피워준 게 다행이고 참으로 고맙다.

꽃대가 천천히 약 6~7cm쯤 올라오더니 햇살이 맑은 아침 살며시 베일을 벗고 꽃잎을 여는데 노랑연두 빛이다. 입술꽃잎은 꽃받침보다 짧고 희며 짙은 자줏빛 반점을 꽃잎에 물고 있다. 식물도감을 펼쳐 찾아보니 이른 봄에 가장 먼저 봄을 알리는 꽃이라 해서 '보춘화'라 부른다고 한다. 흔히는 춘란이라고 불린다.

蘭은 내 집에 올 때부터 몸살을 심하게 앓아 죽을 둥 살 둥 하며 애를 태우다 겨우 뿌리를 안착했다. 그리고 1년 동안은 자라는 모습도 보이질 않다가 어느 날 보니 촉을 내어 포기를 벌었다. 무려 2년여 만이다. 그러고도 그는 또 그대로 멈추어 좀처럼 생장 모습을 보여주지 않다가 유난히도 추웠던 지난겨울부터 꽃대를 밀어 올린 것이다. 그리곤 오랜 기다림 끝 이른 봄의 내 생일에 즈음하여 처음으로 꽃을 피운 것이다. 이 얼마나 근사한 생일축하 인사인가. 그 표현의 묵중함이 정녕 군자답지 않은가.

흔들리는 꽃
- 멕시칸부시세이지

 끝나지 않을 것 같던 무더위가 한풀 꺾였다. 제법 서늘한 바람이 여름 내내 땀 흘린 대지를 시원하게 씻어준다.
 한여름엔 인파로 북적이며 몸살을 앓던 경기도의 한 수목원, 오늘은 인적이 뜸하다. 모처럼 헐렁해진 산책길을 나 또한 헐렁하게 욕심을 덜고 걷는다. 사람도 자연도 휴식이 필요하다. 그래야 사람뿐만 아니라, 나무도 꽃도 스트레스에서 좀 벗어나 제자리를 찾고 제 나름 새로운 생장을 거쳐 꽃을 피우고 열매를 맺고 익힐 것이다.
 지난여름 나는 지독한 무더위에 원고편집 작업을 하느라 잠시도 더위를 피해 쉴 틈을 내지 못했다. 하기야 여름을 잘 견디지 못하는 체질이라 해마다 피서인파로 북적이는 한여름엔 시간이 난다해도 잘 움직이지 않는 편이다. 그러다 휴가철이 끝날 무렵 한적한 교외로 나간다. 천천히 들길을 걷고 숲길을 걸으며 식물들 하나하나 이름을 부르며 그들과 교감하면 혼자라도 심심하지 않다.

최근 기후 변화로 우리나라의 여름이 해마다 점점 길고 더워지고 있지만 지난여름은 유난히도 덥고 끈적거렸다. 하지만 요즘 며칠 사이 더운 습기를 몰고 다니던 바람이 방향을 바꾸면서 살살 옷깃을 만지며 지난다. 바람 끝이 제법 서늘하다.

여름내 다른 동료들이 꽃을 피워 사람들의 볼거리로 사랑을 받는 동안 묵묵히 잎과 줄기만 키워내던 가을꽃들이 볼이 터질 듯 봉오리 가득 고운 꽃물을 물고 있다. 산국, 벌개미취, 구절초, 코스모스 등. 이곳 수목원의 정원 한 자락에 멕시칸부시세이지가 꽃을 피우기 시작했다. 은록색 줄기 끝에 보랏빛 꽃물을 물기 시작했다. 저렇게 하늘거리는 꽃을 보면 왠지 애잔한 생각이 들어 한 발짝 더 가까이 다가가 눈을 맞추며 어루만져준다.

나는 어릴 때부터 지금껏 한번도 '건강해 보인다.'는 말을 들어보지 못했다. 어렸을 땐 '말라깽이, 빼빼, 새다리'라고 불리던 별명이 너무 싫었다. 그래서 사람도 꽃도 작고 가냘픈 것을 보면 동병상련의 마음이 생겨서일까 그냥 지나치질 못한다. 미세한 바람에도 가냘프게 흔들리는 꽃을 보면 다가가 한번 쓰다듬고 카메라에 담곤 한다.

외래종인 멕시칸부세세이지(학명: salvia leucantha)는 가을의 전령이다. 멕시코와 중앙아메리카가 원산지인 이 꽃은 꿀풀과의 소관목으로 우리가 흔히 말하는 허브식물 중 하나다. 그러나 다른 허브에 비해 향이 그다지 강하진 않다. 이 꽃은 생육이 빠르고 줄기가 아치처럼 휘어져 자라며 90~120㎝까지 자란 다음 마주나는 잎 끝에 보랏빛 꽃을 피운다. 여름이 끝나갈 무렵부터 피기 시작하는 이 꽃은 늦가을까지 계속 핀다. 바람이 불면 물결이 일 듯 제 몸을 바람에 실어 일렁인다. 유연한 은록색 줄기 끝에 벨벳과 같은 질감의 꽃이 바람에 의해 살랑거리면 그 어떤 화려한 꽃보다 매혹적이다.

　그 꽃물결을 보고 있으면 '나도 한번쯤은 그렇게 매혹적으로 흔들려 보고 싶었는데…' 하는 아쉬운 생각이 든다. 나는 늘 몸은 약해서 가냘팠으나 생김새와는 다르게 저 꽃처럼 흔들려보지 못했다. 부세세이지가 바람에게 온몸을 맡기듯 그렇게 유연해보질 못했다. 어떤 바람에게도 자신을 내어 맡기지 못했다. 아니, 바람이 다가와 흔들기도 전에 미리 고슴도치처럼 도사리며 방어를 했던 자신의 옛 모습을 생각하면 쿡 웃음이 터져 나온다.

　초가을 문턱 살랑살랑 산자락을 맴도는 바람에 자신을 다 맡기고 유연하고 매혹적으로 흔들리는 멕시칸부시세이지. 마음이 뻣뻣한 나는 멋쩍게 그저 부러운 마음으로 바라보고 있다.

조난의 위기

늦은 점심을 먹고 집에서 가까운 산을 오른다. 가까운 산이라 파카주머니에 귤 한 개만 넣었다가 그래도 아직 겨울산행이기 때문에 혹시나 싶어 주섬주섬 배낭을 챙겼다. 초콜릿과 캔디, 보온병에 뜨거운 물도 두어 잔 담았다. 아무리 가까운 산행이라도 랜턴을 준비하는 것은 기본이다.

평소 잘 가지 않던 짧은 코스로 접어들었다. 한동안 산을 오르지 않았더니 다리도 무겁고 게으른 생각이 들었기 때문이다. 기왕에 짧은 산행을 맘먹었으니 빨리 땀을 흘릴 수 있는 코스다. 3월인데도 그늘진 길섶엔 하얗게 기둥을 세운 서릿발이 그대로 남아있다. 아삭아삭 부서지는 서릿발을 밟으며 나선형의 길을 걷다가 왠지 빨리 오르고 싶은 생각이 든다. 숨을 몰아쉬며 가파른 길을 올라가니 이게 웬일인가. 한 중년의 여인이 산에 널브러진 채 꼼짝 못하고 누워있고, 딸인 듯싶은 학생은 계속 119구조대와 통신을 하고 있다.

산에서는 휴대폰이 잘 터지지도 않거니와 어렵사리 연결이 되어도 정확한 위치(지명)를 말하기가 쉽지 않다. 환자는 한기에 떨며 정신이 혼미해져 가고 구조대가 오는 길은 멀다. 나는 배낭에서 보온병을 꺼내 따뜻한 물로 환자의 입술이라도 적셔주면 낫지 않겠느냐며 딸에게 건네주었다. 딸은 너무 고마워한다. 그들 모녀는 아무런 준비 없이 산에 올랐다. 잠깐 다녀갈 양으로 왔다는데 그 사이에 사고를 당한 것이다. 구조대는 오지 않고 환자는 새파랗게 질려 신음과 함께 헛소리까지 한다. 나는 입고 있던 파카를 벗어 환자를 덮어줬다. 그리고 마비되어 가는 손발을 주물러 펴주고 손을 따뜻하게 한 다음 환자의 얼굴을 연신 비벼준다. 그제야 정신이 좀 드는지 환자는 고맙다는 눈짓을 한다.

어느 해 가을. 설악산에서 칠흑의 산길을 헤매었던 5시간의 지옥 같던 긴박감이 주마등처럼 스쳐간다. 가을설악을 예찬했더니 후배가 꼭 한 번만 자기와 동행해 달라고 나를 1년 동안이나 졸랐다. 그러던 중 잘 알고 지내는 비구니스님 한 분이 또 따라 나서겠다는 것이다. 장거리 산행에 있어서는 무엇보다도 상대방의 산행 속도나 체력, 지구력이 웬만큼 파악되어야 착오 없이 산행을 안전하게 할 수 있다. 후배와는 몇 차례 산행 경험이 있어 별 무리가 없을 것이라는 확신이 있었지만 스님이 좀 염려스러웠다. 하지만 스님은 여러 산사를 다녀봐서 산행엔 자신 있다고 큰소리를 쳐 나의 염려를 일축해버렸다. 그래도 나는 몇 차례나 스님에게 전화를 걸어 가까운 산으로 워밍업을 좀 하라고 당부했었다.

 새벽에 오색에서 산행이 시작되었다. 의문을 품었던 내게 뭔가를 보여주겠다는 듯 처음 얼마간은 스님이 앞장서 갔다. 하지만 4부 능선도 못미처 스님은 자꾸만 우리를 앞장세웠다. 그리곤 우리가 앞서도 당신이 곧 따라잡게 될 테니 염려 말고 먼저 올라가라며 여전히 큰소리를 쳤다. 하지만 4부 능선까지가 스님의 한계였다. 산을 오르다 우리는 스님을 기다리는 시간이 길어지기 시작했고, 여유 있게 출발했지만 시간은 점점 촉박해 갔다. 어둡기 전에 대청봉을 넘어서 중청산장에 여장을 풀어야 했는데 스님과의 거리는 점점 멀어지고 산중의 해는 뉘엿뉘엿 진다. 나는 대청봉을 코앞에 두고 중대한 결심을 해야 했다. 다음 날 대청봉에서의 일출을 포기하는 것은 물론이고, 수렴동계곡을 거쳐 백담사 쪽으로 가는 계획이 엇나간다. 후배는 투덜거리기 시작했다. 그렇지만 온 길 되짚어 내려가 스님과 합류해 하산하는 것이 현명한 방법이다.

 아니나 다를까. 후배와 내가 전속력을 내서 뛰어 내려갔더니 날은 이미 어두워지는데 스님은 여태 7부 능선에도 못 미친 지점을 기어오르고 있었다. 두 사람에게 랜턴을 준비하라고 그렇게 당부했건만 어쩌면 둘 다 준비를 하지 않았다. 내가 준비한 작은 랜턴 하나로 칠흑 같은 산길을 내려온다. 한 발짝 한 발짝을 더듬어 뗄 수밖에 없다. 설상가상으로 사람들의 인심마저 낮과는 다르게 동전의 앞뒤 면처럼 바뀐다. 낮에는 지나치는 사람마다 반갑게 인사를 건네더니 어쩜 눈에 보이지 않는다고 지척에서 사람소리가 나는데도 모르쇠 한다. 우리가 내려가는 길이 맞는지 물으면 이내 내던 소리마저 숨죽인다. 하기야 그들도 당면한 긴박감을 말할 수 없었겠지만 인심이 그렇게 고약하게 달라진다는 사실을 처음 경험했다.

얼마쯤이었을까. 앞장서 가던 나는 숨이 멈춰버릴 듯 놀랐다. 웬 사람이 내 발치에 널브러져 있지 않은가. 잠시 숨을 고르고 그를 흔들어 깨웠더니 그는 혼자 왔는데 어느 산행단체의 후미를 따라가다 그만 놓치고 말았단다. 탈수증세가 있어 그 일행에게 물을 좀 얻어 마시자고 청했더니 자기네 회원이 아니라고 모두 모른 척 가버리더라는 것이다. 내 배낭에 있는 초콜릿과 물을 조금 먹였더니 청년은 곧 기운을 차리고 일어났다. 그런데 그 상황에 청년이 어찌나 반갑던지. 그에게 랜턴이 있었다. 산을 다 내려오니 밤 10시 30분 공원관리소 출입구 문도 이미 닫혔다. 무려 4시간 넘게 그야말로 한치 앞도 안 보이는 산을 헤매며 내려온 것이다. 청년은 연신 생명의 은인이라며 몇 번이나 인사를 하며 떠나갔다. 나는 긴장이 풀려서인지 그냥 멍했고, 그침 없이 눈물만 흘러내렸다.

집으로 돌아오는 길 심야버스를 탔는데 문득 그런 생각이 들었다. 만일 스님이 부지런히 산을 오르고 예정대로 산장에서 머물렀다면 그 청년의 목숨은 어찌 되었을까. 가을이지만 산중의 밤 기온은 영하로 떨어지기가 일쑤인데 말이다. 산에서 헤맬 때는 준비 없이 따라나선 스님이 미웠지만 스님의 게으름이 청년에겐 보시가 되지 않았나 하는 생각이 들었다. 오늘 일도 그렇다. 인적이 뜸한 등산로인데 나라도 그 자리에 없었다면 환자는 더 심각한 위험에 처하지 않았을까.

아무리 낮은 산이라도 산을 얕보면 안 된다는 사실을 새삼 깨닫는다. 낮은 산 짧은 산행이라도 언제나 '유비무환'이다.

2.
겨울 무지개

도를 닦듯 돌을 닦다

　서해안 학암포로 기름방제작업을 떠나기로 한 날이다. 서해안에서 허베이스호* 기름유출사고가 발생한 지 벌써 두 달이 다 되어 간다.
　누구의 잘못이든 바다가 화학 기름으로 뒤덮여 죽어가고 있으니 작은 힘이라도 보태어 살려야 한다. 적어도 한 번은 다녀와야 할 일이었고, 방제작업에 동참해야 한다는 생각은 사고가 있은 후 지금껏 마치 숙제를 미뤄둔 것처럼 마음을 편치 않게 했다.
　1월 26일(토) 출발하기로 예정된 날짜, 다른 스케줄을 비우며 기다렸다. 그런데 출발을 며칠 앞두고 한파가 몰아닥쳐 혹 취소될 수도 있다는 예고가 있었다. 그래서 '제발 그 예고가 빗나갔으면!' 하는 바람을 가졌고, 기우대로 당일 순조로운 출발을 할 수 있었다.

　한파 끝이라 새벽 공기는 매우 찼다. 그래도 출발을 할 수 있다는 것만으로도 위안을 삼으며 그나마 날씨가 좀 풀려 다행이라는 인사말이 서로를 격려하며 오간다. 태안은 멀었다. 거리 상으로도 가깝지 않은 게 사실이다. 하지만 그보다 벼르고 벼르던 계획이 실천으로 옮겨지기까지의 여정이 더 멀었던 것이다. 행동이 마음을 따라가는 것이 그토록 쉽지 않다.

　태안의 학암포에 도착하여 모두 똑같은 작업복으로 갈아입으니 누가 누군지 알 수가 없다. 그러나 하나 같이 환경오염을 조금이라도 줄여야겠다는 각오는 한마음이다. 동작 또한 흩어짐이 없이 일사천리로 움직인다. 가지고 간 헌옷가지로 꼼꼼히 기름을 닦는다. 하나하나 돌에 묻은 기름을 닦고 바위 틈새에도 손을 넣어 닦는다. 닦고 닦아도 고름처럼 꾸역꾸역 묻어나오는 시커먼 기름. 그 역한 냄새에 현기증이 난다. 차멀미처럼 속이 울렁거린다. 앞선 작업으로 기름이 거의 제거된 지금도 이렇게 속이 매스꺼운데 하물며 시커먼 기름바다에 갇혔던 생물들은 어떠했을까. 그리고 사고 직후 그 어마어마하게 바다표면을 뒤덮은 기름을 걷어낸 사람들은 얼마나 더 힘들었을까.

　오전에 약 한 시간 반 남짓 어설픈 작업을 하고 대한적십자사에서 제공하는 점심을 먹기 위해 긴 줄을 섰다. 그런데 우리가 맨 나중 팀이었는지 중도에 밥이 떨어지고 말았다는 것이다.

이십 여분을 기다려야 한다는 말에 그냥 멀건 국 한 그릇으로 점심을 때운 사람들도 상당수 있다. 다행히 우리 팀은 밥을 찾아 먹을 수 있었다. 어느 교회 봉사 팀이 자체적으로 준비해온 음식이 남는다며 나누어줘서, 자칫 점심을 거를 수도 있었던 우리가 뜻밖의 호사를 누린 것이다. 맛있는 밥에 갓 담근 김치까지, 작업은 어설프게 하고 밥만 축내는 것 같아 마음은 편치 않았다.

하지만 마음이 진솔하면 숨은 에너지가 발동한다. 오후 작업은 너무들 열심히 한다. 세찬 바닷바람과 살을 에는 추위도 아랑곳하지 않는다. 어서 바다를 살려야 한다는 절박한 마음이 모두 한결 같은 것이다.

하얀 작업복(화생방화복)을 입고 엎드려서 도를 닦듯이 돌을 닦는 모습들이 자못 진지하다. 어디 그뿐인가. 누가 시키지 않아도 바닷가에 버려진 각종 쓰레기를 주워 모은다. 바다에 버려진 쓰레기도 만만치 않다. 그동안 바다는 말없이 몸살을 앓았다. 바다에 삶의 터전을 두고 있는 사람들조차 바다를 상대로 잇속만 챙길 줄 알았지 온갖 쓰레기로 몸살을 앓는 바다의 신음소리를 듣지 못한 것이다. 주워 모은 각종 쓰레기와 폐그물들이 산더미 같다. 그러니 바다가 어디로 한 걸음인들 건강한 걸음을 떼어놓을 수 있었겠는가. 각종 오염과 쓰레기에 갇혀 몸살을 앓다가 이번엔 어마어마한 기름까지 뒤집어썼다.

오후 4시 30분. 밀물이 들어오기 시작하면서 오늘의 작업을 종료한다는 알림이다. 너무 열심히 기름을 닦느라 작업종료 알림도 듣지 못하고 제일 늦게 버스에 도착한 동료들. 기름닦이 삼매경에 빠져서 혹 들어오는 밀물에 고립되진 않을지 잠시 잠깐 애를 태우기도 했던 하루였다. 작업장이 바위와 돌로 이루어진 곳이며 미끄러운 기름 때문에 위험도 많이 따랐지만 사고 없이 무사히 작업을 마칠 수 있었다.

돌아오는 길은 피곤해 잠에 떨어지는 사람이 대부분이었다. 한 노(老) 시인이 속이 좋질 않아 고생을 좀 했다. 그런데 다행히 내게 준비되어 있던 비상약(소화제)을 동원하고 일행 중 한 사람이 민간요법의 응급처치를 해줘서 큰 탈은 면했다. 참 다행이다.

오염의 심각성은 눈으로 보지 않았을 때의 짐작보다 훨씬 더 심각했다. 이제 곧 해동이 되고 여름이 올 터인데…. 그러면 새새틈틈 숨은 타르덩어리들이 꿈틀꿈틀 녹아 흘러나와 바다를 다시 한 번 뒤덮진 않을까하는 불길한 예감을 뒤로하며 무거운 발걸음을 돌린다.

*2007년 12월 7일 서해안 기름 유출사고

화장실로 간 스탠드

요즘처럼 무엇이든 전자식 기계조작으로 모든 걸 해결해 가는 디지털문화가 무척 부담스럽다. 컴퓨터는 물론이고 휴대폰도 걸고 받는 단순사용에서 벗어나 이제 겨우 몇 가지 기능을 익혔다싶었는데, 어느새 새로운 기능들이 업그레이드되어 저만큼 앞서 가서는 또 따라오라고 한다. 그러니 기계조작에 민감하지 못한 나로서는 매우 유감스럽지 않을 수 없다.

어제는 우체국엘 갔더니 안내 도우미가 사람이 아니라, 로봇이 돌아다니면서 반듯한 인사를 건네며 "무엇을 도와드릴까요? 무엇이든 도움을 원하시면 제 어깨띠를 만져주십시오!"라고 했다. 난 호기심에 로봇에게로 바짝 다가갔다가는 또 기계 앞에서 괜히 주눅이 들어 멈칫 물러서서는 한참을 머뭇거렸다. 그러자 친절한 로봇도우미는 "더 이상 요청하실 일이 없으시면 저는 그만 다른 손님께 가보겠습니다."라고 양해의 인사를 건네고는 돌아가 다른 사람의 요청을 받는 것이었다.

중년이 넘은 지금까지도 난 전구 하나도 갈아 끼울 줄 모르는, 친구의 말을 빌리자면 지독한 '기계치'다. 오늘 집에 온 친구가 화장실을 간다기에 난 "잠깐만! 잠깐만…" 하면서 먼저 들어가 얼른 스탠드를 켜 놓았다. 화장실 전등의 퓨즈가 나갔는데 그걸 갈아 끼우지 못해 급기야는 스탠드까지 동원했다. 두 개의 전구 중 하나만 나갔을 때는 선배가 다녀갔는데 좀 침침한 불빛을 가리켜 그녀 하는 말이 "얘, 너희 집 화장실은 어째 홍등가 같은 분위기가 난다."라고 해서 웃었다. 어쨌거나 그때는 전구가 반쪽이라도 살아 있어서 아쉬운 대로 버티었다. 그런데 나머지마저 나가니 어쩔 수가 없어 생각 끝에 침대머리맡의 스탠드를 화장실로 옮겨놓은 것이다.

소피가 급하다던 친구는 화장실에 턱하니 들어와 있는 스탠드를 보자 볼 일을 보지 못하고 배를 쥐고 다리를 꼬면서 주저앉아버린다.

이런 나에겐 얼마 전까지만 해도 라이터조차 얼마나 큰 공포의 대상이었는지 모른다. 외출할 때에는 라이터를 현관 바닥이나 욕실에 갖다놓고 집을 나선다. 왜냐하면 혹시라도 그것 자체에서 스스로 반란을 일으켜 불을 낼까봐서다. 그래서 불꽃이 튀더라도 옮겨 붙지 않을 안전한 타일 위에 두려는 의도에서였다.

그렇듯 라이터가 공포의 대상이면서도 한편 버릴 순 없다. 매일 기도할 때마다 촛불을 켜는데 그것이 없으면 불을 켤 수 없기 때문이다. 그런데 최근 어느 횟집에서 얻어온 라이터는 성질이 보통이 아니었다. 불을 켜면 솨~아~ 소리를 내면서 불꽃이 10cm이상 치솟는 것이다. 소심한 나는 불을 켤 때마다 그 성난 불꽃이 얼마나 두려운지 그야말로 '미치고 환장을 하겠다.'라는 표현을 그럴 때 쓰는 모양이다.

그러던 어느 날 집에서 성당교우들의 기도모임이 있었다. 기도를 하기 위해 교우들이 빙 둘러앉았고, 촛불을 켜는데 눈은 절반 이상 감고 팔은 있는 대로 뻗치면서 불을 붙였더니 그런 내 모습을 보고는 사람들이 왜 그러냐고 물었다. 나는 "라이터가 불량이라 불꽃이 너무 커요!"라고 좀 볼멘소리로 대답했다. 그러자 내 말을 듣고는 사람들이 모두 박장대소하는 것이었다.

난 참 바보다. 그때까지도 라이터 뒷면에 불꽃조절장치가 있는 줄 까맣게 몰랐다. 그리곤 옹졸하게 의심만 엄청 했다. 이렇게 불꽃이 사나운 걸 보면 '안전검증인지'만 붙여 놓았지 분명 유사품, 불량품일 거라고. 바로 나 같은 사람을 두고 '모르는 게 죄'라는 말도 생겨나지 않았을까 싶다.

화장실에서 나온 친구는 내게 샐쭉 눈을 흘기며 어서 가 전구를 사오라고 했다. 나는 한달음에 달려가 전구를 사다 얼른 친구에게 디밀었다. 그녀는 남동생, 오빠 다 제쳐두고 자기가 나서서 전기배선이며 벽에 못질까지 다하는 친구다. 어느 해는 그녀에게 생일 선물로 무엇을 해줄까? 물었더니 '다용도 공구세트'를 해달라고 해 그녀의 말대로 공구세트를 선물한 적도 있다. 이 친구, 전구를 갈아 끼워주면서 내게 하는 말이 지금이라도 시집을 가든지, 아니면 이대로는 안 되겠다며 어디 시골 폐교라도 알아보란다. 나는 지독한 기계치이고 자기는 여자이지만 그 정도는 보완할 수 있으니, 옆구리 시린 것이야 어쩔 도리 없겠지만 한 울타리 안에서 같이 사는 것이 좋지 않겠느냐며 생색을 냈다. 친구의 생색이 좀 아니꼽기야 했지만 난 무엇을 고치거나 조작하는 일에 있어서 만은 물건만 봐도 기부터 죽는 터라 "그~래!"라고 고개를 끄떡거릴 수밖에 없었다. 하지만 어쨌거나 그녀가 다녀간 오늘 화장실이 대낮같이 밝아 너무 좋다. 초등학교 2학년 때쯤이었던가. 마을에 처음 전기가 들어왔을 때처럼 스위치를 켰다 껐다 해보며 괜히 몇 번을 들락거린다.

 현대의 생활방식에 있어 문명의 편리함을 부인할 수는 없다. 한편 그럼에도 불구하고 빠르게 변하는 기계문명을 따라 익혀야만 하는 것이 디지털문화 시대를 살아가는 이 '기계치'의 부담이고 비애가 아닐 수 없다.

할머니의 남자친구

여행을 다녀와서 보니 현관 문고리에 묵직한 비닐봉지 하나가 걸려 있다. 봉지 가득 탐스런 단감이 족히 3kg이 넘음직하다.

웬 단감일까. 누가 걸어놓고 갔을까. 이리저리 살피다보니 한쪽 면에 작은 글씨로 '404호'라고 쓰여 있다. '아, 누가 옆집에 줄 것을 우리 집에 잘못 걸어두고 갔구나!' 하는 생각에 얼른 옆집 초인종을 눌러 "이 댁으로 올 감이 저희 집으로 잘못 온 것 같네요."라고 하니까 "아니에요. 제 고향집에서 감을 한 상자 보내왔기에 한번 드셔보시라고요. 몇 번 초인종을 눌러봐도 집에 안 계신 것 같기에 문에 걸어놓았어요."라고 한다.

옆집은 입주자가 자주 바뀐다. 이전에 살던 사람은 젊은 여자였는데 2년 동안 거의 인사를 건네지 않고 지냈다. 어쩌다 엘리베이터나 복도에서 마주칠 때 인사를 건네면 매우 불편해

하는 눈치여서 그담부터는 나도 그녀와 마주치면 그저 목례만 끄떡하고 마는 정도였다. 현대인의 정서가 개인주의성향으로 바뀌어서 그렇다고 하지만 아직은 그렇지 않은 이웃도 많다. 자주는 아니지만 1호집 아주머니와는 여름이면 복도에 돗자리를 깔고 앉아서 과일이나 커피를 나누어 마실 때도 있다. 요즘 사람들 대부분은 이웃과 단절하고 지낸다. 하지만 반면엔 옛 노랫말처럼 멀리 있는 친인척보다 나은 이웃들도 많다.

오늘 모처럼 감자를 쪄가지고 옆동 마리아할머니를 찾았다. 할머니는 내가 찐 감자를 "내 팔십 평생 살믄서 이렇게 맛있는 감자는 츰 먹어본데이!"라고 극찬을 하셔서 칭찬에 약한 내가 매년 햇감자가 날 때면 할머니에게 감자를 쪄드린다. 오늘은 벌써 싹이 나고 있는 저장감자를 손질하다가 할머니 생각이 나서 한 대접 쪄가지고 달려왔다. 때마침 할머니의 친구 두 분이 와 계셨다. 할머니는 친구에게 자랑을 하며 "내 먹으라고 쪄온긴데 하나씩 먹어 보래이~! 얼마나 맛있는지 느그들 평생 이렇게 맛있는 감자는 몬 먹어봤을끼다."라고 우스갯소리를 하며 생색을 낸다. 감자를 먹고 이런저런 얘기를 하며 놀다 할머니가 내 손을 꼭 쥐더니 질끈 눈을 감고는 그제야 속에 든 말씀을 하신다. "헬레나야, 내 요즘 할배가 읎씨이 심심해 죽낏다."라고. 할머니에게 이웃이면서 남자친구인 할아버지가 계셨었다. 두 분은 늘 손을 꼭 잡고 다니셨다. 그런데 얼마 전 아파트 전세 값이 오르자 할아버지의 자녀들이 할아버지를 큰아들이 사는 용인으로 이사시켜 두 분이 이별 아닌 생이별을 하고 허전해하시는 것이다.

할머니는 오래전부터 이 아파트에 사셨고, 대구에서 살던 할아버지가 아내와 사별한 후 자식들이 사는 서울로 올라오면서 마리아할머니와 이웃이 되었다. 한 집 건너 옆집으로 이사를 온 할아버지와 할머니는 우연찮게 고향이 같았고, 인정 많은 할머니가 어설프게 살림을 사는 초보 독거할아버지를 안쓰러워하며 가끔 반찬을 만들어 갖다 주다가 친구가 된 것이다. 처음엔 동네에서 "글쎄 1*02호 할머니가 새로 이사 온 옆집 할아버지와 사귄대. 아이고~! 노인들이 남세스럽게 맨날 손을 꼭 잡고 다닌다니까."라며 수군덕거렸었다. 어느 날 내 귀에도 그런 소리가 들려왔다. 나는 상대방의 말을 자르며 "아이고~ 형님, 그보다 더 좋은 일이 어디 있어요. 늘그막에 친구가 생긴다는 것은 그분들 능력이고, 복 중에 복 아닌가 싶네요?!"라고 하며 흉보려는 것을 막아버렸다.

그리고 나서 언제부턴가 이 두 할머니, 할아버지를 바라보는 동네사람들의 시선이 달라졌다. 할머니와 할아버지는 양가 자녀들도 다 인정을 하는 가운데 요즘 말로 '절친'이 되었고, 서로 부족한 부분을 도와가며 지냈다. 외출을 할 때는 다리가 불편해 한 손으로 지팡이를 짚어야하는 할머니의 핸드백을 할아버지가 대신 들어주셨다. 참 신기한 것은 할머니는 젊어서부터 청력을 잃어 귀가 절벽인데도 두 분이 걸어가는 것을 보면 끊임없이 무슨 대화를 하면서 걷는다.

그런데 할머니의 귀여운(?) 투정에 의하면 할아버지는 자린고비 꽁생원이어서 큰손 할머니의 성을 채워주지 못했다. 할아버지는 주로 할머니가 하는 음식만 얻어 잡수시다가 어느 땐 좀 미안한 생각이 드는지, 인심 쓰듯 뭘 같이 해먹자고 당신 집 식재료 들고 오신단다. 그런데 그 식재료를 받아보면 기도 안찬단다. 혼자 먹기도 넉넉할 것 같지 않은 양을 같이 먹자는 애긴지?! 당신 혼자 드실 것을 해달라는 것인지 도대체 모르겠다고. 그래도 할머니의 큰손으로 넉넉하게 음식을 만들어 나누어 드시면서 좋은 이웃이며 친구로 지내셨다.

옆에서 맞장구를 치며 할머니의 얘기를 듣던 내가 할머니의 옆구리를 살짝 찌르면서 "할머니, 옆집으로 또 멋진 할배가 이사를 와야 할 텐데~용." 하자 할머니는 멋쩍게 웃으시며 "됐다. 고마 이제 영감탱이는 안 사귈란다."라고 하신다. 매일같이 서로 의지하면서 지내던 할머니와 할아버지는 이제 한 주에 한번씩만 시니어문화교실에서 만날 수 있다고 한다. 그나마 아주 못 만나는 것은 아니어서 다행이다.

그야말로 100세 시대다. 만약 70세 넘어 사별을 한다고 해도 30년 가까이 혼자 지내야 한다. 핵가족이 되어 자녀들도 각자의 삶을 살아가느라 부모를 챙겨 모시지 않는다. 그러니 서로 외로운 삶을 살아가면서 좋은 이웃이 되고 친구가 되어 노후를 외롭지 않게, 나름 즐겁게 살아가는 것이 장수시대 양질의 삶을 살아갈 지혜일 것이다.

 옆집에서 단감을 받고 아직 답례를 하지 못했다. 조만간 또 감자 찌는 실력을 발휘하여 김 모락모락 나는 감자를 들고 찾아봬야겠다.

봄맞이

　유리를 닦고 창가에 기대앉아 차를 마신다. 맑은 유리창 너머 녹둣빛 움을 틔운 버들가지를 봄바람이 사르르 흔들고 지나간다.
　겨울코트처럼 무겁고 우울했던 마음이 봄빛만큼 맑고 가벼워지는 느낌이다. 일단 시작을 하고 나면 어려운 일도 아닌데 엄두를 못 내고 칙칙하고 우울한 겨울을 벗지 못하고 있었다. 오늘은 어렵사리 결심하고 게으른 겨울을 확 벗어 던지기로 했다. 대청소를 하고 주방기구들도 윤이 나도록 닦았다. 마음을 맑게 하고 봄을 맞이하기 위함이다. 차를 마시다 가스레인지 위 윤기 나는 냄비를 바라보니 상가에서 청소하는 아주머니의 얘기가 생각나 혼자 웃는다.
　직장이 있는 상가 건물 양지바른 쪽 벽에는 얼마 전부터 눈이 부실만큼 새하얀 대걸레가 나란히 세워져 있다. 청소하는 아주머니가 바뀌고 나서부터다. 아주머니는 언제나 걸레를 힘차게 빨아서 가지런히 햇볕에 말린다. 그도 그냥 빠는 것이 아니다. 신바람이 난 듯 흥얼흥얼 콧노래까지 부르며 빤다. 즐겁게 일하는 모습이 참 보기 좋다. 아주머니가 오면서부터 건물은 한결 깨끗해졌다. 아주머니의 활기찬 모습은 보는 이에게도 활력을 준다. 그런 모습이 보기 좋아서 하루는 내가 가만히 지켜보다가 물어보았다.

"아주머니, 그 일이 그렇게 즐거우세요? 걸레가 우리 집 행주보다도 더 하얗네요."

아주머니는 쑥스러워하면서 그 내력을 말해 주었다.

아주머니가 시집와서 보니 시댁식구들은 많은데 남편은 벌이도 시원찮으면서 약주라도 한잔 하는 날이면 괜한 트집을 잡으며 주벽이 심하더란다. 가난한 것이야 시대가 그러하니 참아보겠지만 주벽까지 심한 것은 참을 수가 없었단다. 속은 것 같고, 희망조차 보이지 않아 보따리를 여러 번 쌌단다. 그런데 매번 보따리를 들고 집을 나서려다 보면 당신이 살던 부엌살림이 왜 그렇게 지저분하고 궁색해 보이던지 보따리를 내려놓고는 냄비부터 닦기 시작한단다. 궁색한 살림이야 어쩔 수 없지만 부엌이라도 깨끗이 치워놓아야 누가 와서 보더라도 '그 여자 살림 하나는 참 깔끔하게 했네.'라고 말하지 않겠느냐는 얘기다. 그런데 그렇게 홧김에라도 냄비를 닦다보면 그릇은 어느새 반짝반짝 윤이 나고 반질반질해진 살림살이를 보면 언짢았던 마음이 절로 누그러지더란다.

이렇게 해서 쌌던 보따리를 풀고 주저앉다보니 어느새 나이 육십 줄이 되었다는 것이다. 두고 떠나려던 자녀들이 벌써 그때의 당신 나이가 돼 지금은 손자, 손녀들이 서로 자기 할머니고 시샘을 한단다. 자녀들이 모두 효자, 효녀라는 것은 이미 소문으로 알고 있다. 대가족의 가난한 살림을 맡아하며 아버지의 주벽을 참고 견딘 어머니를 무척 고마워한단다. 남편 또한 "당신이 아니었더라면 지금 어디서 이렇게 단란한 가정을 가질 수 있었겠소!"라며 세상에 둘도 없는 아내로 아껴준다고 한다. 아주머니는 얘기 나온 김에 신바람이 나서 가족자랑을 늘어놓았다. 자녀들은 이런 일(청소)하는 것을 극구 말리지만 옛날부터 빡빡 쓸고 닦던 기질을 어떻게 묵히겠느냐며 호탕하게 웃었다.

냄비 하나를 깨끗이 닦는 것. 사소한 것 같지만 그러한 최소한의 책임감이 있었기에 오늘 이렇게 존경받는 어머니로 당당한 위치를 차지하고 있지 않을까. 청소를 하고 더러워진 걸레를 하얗게 빨면 몸에 쌓인 노폐물들이 싹 빠져나가는 것 같고 스트레스도 해소된다고 한다.

쓸고 닦음으로 위기를 극복한 아주머니의 이야기가 경제위기를 맞은 이 봄에 더욱 신선하게 다가온다. 한때 주부들이 '스트레스 해소'라는 핑계로 사치와 과소비를 일삼았던 과거를 생각해 보면 쓸고 닦음으로 마음을 다스렸던 아주머니의 미덕이야말로 경제위기를 맞은 이 시대에 요구되는 지혜가 아닐는지….

 봄을 맞이하는 방법들은 제각각 다를 것이나 올봄에는 돈들이지 않고도 근사한 봄맞이를 해보면 어떨까. 나 역시 예년 같았으면 햇차를 구한다. 매화를 보러간다. 핑계를 대며 어디로든 달려갔을 텐데 올해는 경제위기에 걸맞은 방법으로 봄맞이 행사를 한 것이다. 해마다 연중행사처럼 치르던 봄앓이도 경제적 압박에서는 슬그머니 비켜갈 줄 아는 모양이다.

 예외 없이 나에게도 불황이 닥쳤다. 더구나 내가 하고 있는 한복 일은 생활필수품목도 아니므로 피할 도리가 없다. 그러니 지금 같은 경제적 상황에서야 어찌 사치스럽게 상춘을 즐긴다고 나들이를 하랴. 꼭 밖으로 나가야만 봄을 만끽할 수 있는 것은 아니다. 이렇게 유리에 뿌옇게 낀 겨울 때를 벗겨내니 바로 문밖에 봄이 와 있다.

 창가에 앉아서 차를 한 잔 마시며 찻잔 속으로 봄을 불러들인다. 녹황색빛깔 속에는 움트는 남도 차밭도 펼쳐지고 매화꽃 구름도 펼쳐진다. 아지랑이 아물거리는 들녘을 포르륵 나비 한 쌍이 날아가기도 한다. 투명한 유리처럼 마음이 맑아지는 것 같다. 이런 결심(대청소)을 진즉에 했더라면 좀 더 일찍 봄을 맞았을 텐데 괜히 움츠리면서 우울한 겨울을 오래 붙들고 있었다.

꽃의 남자

꽃밭에 남자가 앉아 있다. 그를 둘러앉은 여자들의 수다에 너털웃음을 섞으며 남자가 그야말로 꽃 삼매경에 빠져 시간 가는 줄 모른다.

그는 틈만 나면 꽃밭에서 산다. 자신의 소임이 뭔지 분간을 못하는 사람 같다. 다른 사람들이야 그의 그런 행동을 어떻게 생각할지 모른다. 하지만 나는 그 남자 덕에 전에 없는 호사를 누리고 있다. 그가 우리 아파트에 온 후로 전에 보지 못했던 다양한 꽃들을 사철 관상할 수 있기 때문이다. 그는 어디서 꽃나무를 구해오는지 어느 날 보면 새로운 화초가 심겨져 있고, 한곳에 수북이 모여 있던 화초가 자리를 옮겨 다른 화초들과 조화를 이루며 어우러져 있다. 비가 온 다음 날 그가 부지런히 꽃모종을 했기 때문이다. 그는 입주민들이 집에서 키우다 제대로 관리를 못해 죽을 것 같다고 내놓은 화분의 화초도 잘 옮겨 심어 기가 막히게 살린다. 그래서 천여 가구가 모여 사는 아파트단지 내에서도 우리 동의 화단이 가장 아름답게 꾸며져 있고 꽃의 종류도 다양하다. 그 남자 덕분이다.

그는 다른 회사에 다니다 정년퇴직을 하고 우리 아파트 경비로 재취업을 해왔다. 그가 틈만 나면 열심히 화단을 가꾸니 무관심했던 아파트의 부녀자들도 그를 도와 호미를 들고 함께 화단을 가꾼다. 그래서 남자는 진짜 꽃, 사람 꽃, 그야말로 이 꽃 저 꽃 꽃이 만발한 꽃밭에서 산다. 그는 적지도 않은 나이지만 정년 후에 새로 직장을 얻은 것만으로도 감사할 일이라며 늘 미소를 잃지 않는다. 뿐더러 잠시도 가만있질 않고 무엇이든 한다. 그의 부지런함은 꽃밭 가꾸기에만 한정되어 있는 것이 아니다. 아파트의 꼬맹이들과도 잘 놀아준다. 유치원에 다녀오는 아이를 아이엄마가 외출해서 돌아올 때까지 봐주기도 한다. 아이는 차에서 내리면서 "할아버지, 우리 엄마 집에 있어요? 없어요? 우리 엄마 어디 갔어요?"라고 묻는가 하면, 어떤 아이는 "할아버지, 내 친구 ○○○ 못 봤어요?"라고 묻기도 한다. 마치 친할아버지와 손자처럼 스스럼이 없다. 그는 노인정이나 어르신 케어센터에 다녀오는 할아버지와 할머니도 부축을 해 아파트 로비의 의자에 앉히기도 하고, 엘리베이터까지 부축하며 다감하게 말을 걸어준다.

그는 정녕 누가 뭐래도 꽃의 남자다. 꽃을 가꾸어서는 꽃향기를, 사람에겐 따뜻한 친절을 베풀어 꽃보다 아름다운 정, 사람의 향기를 자아내는 것이다.

이른 봄에는 제비꽃이 만발하고 한여름엔 옥잠화와 비비추가, 그리고 곧이어 분꽃이 피더니 요즘은 국화도 작은 꽃봉오리를 맺었다. 나는 일부러 해질녘에 쓰레기를 버리러 나간다. 쓰레기를 버리고는 그냥 집으로 들어오지 않고 천천히 화단 둘레를 걷는다. 엷은 어둠이 깔리는 시간 가지각색의 분꽃이 환하게 웃으며 조금은 은밀하고 몽환적인, 천연 분내를 내뿜는다.

유년의 어느 날이었다. 유난히 호기심 많았던 나는 어머니께서 아끼고 아끼던 코티분갑(뚜껑)을 어머니 몰래 열어보다 그만 분을 바닥에 폭삭 엎어버렸다. 쏟아진 코티분은 닦을수록 하얗게 방바닥을 번져나갔고, 냄새 또한 온 집안에 진동해서 분을 조금 발라보려고 했던 내가 당황해 울며불며 방바닥을 닦았던 기억이다. 어스름 저녁 은은한 분꽃 향기에 뵐 수 없는 어머니가 짠하게 그립다. 공연히 눈자위가 더워져 하늘을 올려다본다. 유년 시절 말수는 적었으나 호기심은 유난히 많았던 나는 살금살금 말썽을 참 많이 부렸다. '고망쥐'라는 나의 별명도 그때 얻었다.

저만치서 아저씨가 다가와 "워뗘유? ○선생님. 분꽃도 많이 모여 피닝깨 참 이쁘지유?"라고 말을 건넨다. 내가 "아저씨 덕

분에 제가 호사를 하네요!"라고 하자 그는 "아이고 그까짓 게 무신 호사유. 지가 좋아서 하는 일인디!"라고 겸손하게 손사래를 치지만 나는 그 남자의 구릿빛 얼굴에 번지는 뿌듯한 미소를 엿본다.

분꽃의 은은한 향기가, 정다운 말이 소요스럽고 고단했던 하루의 피로를 덜어준다.

정동 주세요

　음력 팔월, 들판의 알곡만큼이나 탐스럽게 밤하늘의 달빛 또한 탱글탱글 여물어간다.
　추석이 사나흘 앞으로 다가왔다. 특별히 장을 볼 일은 없지만 명절이 가까워지면 분위기에 이끌려 덩달아 장을 보러 나온다. 아니 장을 본다는 것보다 북적대는 명절분위기, 그 활기가 궁금해 장 구경을 나온다함이 맞다. 시장경기가 많이 위축되었다고 하지만 그래도 명절을 코앞에 둔 재래시장은 시끌벅적하다. 주부들은 조금이라도 더 싸게 사려고, 같은 값이면 조금이라도 더 많이 받아가려고 상인들과 입씨름 줄다리기가 여간 재미있는 게 아니다. 어떤 사람은 흥정을 하다 그만 쌩 하고 토라져 가고, 어떤 사람은 마치 싸우는 듯 보였지만 어느새 덤까지 받아가지고는 흐뭇한 미소를 지으며 장바구니를 무겁게 들고 일어선다.

　노점상이 끝나는 골목 끝에 울긋불긋 때때옷을 내건 한복집이 보인다. 아이들 옷을 보니 나도 모르게 쿡 웃음이 터져 나온다. 내가 서초동에서 한복집을 운영할 때의 일이다. 어느 해 바로 추석 전 날이었다. 가게 문을 막 잠그고 돌아서려는데 열 살 남짓한 사내아이가 숨을 헐떡거리며 뛰어와서는 "저기요, 저기요…."라고만 반복하며 뒷말을 잇지 못한다. 내가 아이의 어깨를 감싸며 "꼬마야, 왜? 뭐가 필요한 거지? 자, 숨 크게 쉬고 천천히 말해봐!"라고 했더니 아이는 한참 숨을 고르고는 큰 눈을 한번 질끈 감았다 뜨더니 겨우 생각났다는 듯 "아~, 맞아! 정동 주세요!"라고 한다. 물론 나는 그게 무슨 말인지, 무엇을 달라는지 얼른 알아들었다. 그러나 얼마나 웃음이 터져 나오던지 아이의 어깨를 장난스럽게 흔들며 "정동?" 하고 되물었다. 아이는 '정동'을 생각해낸 자신이 기특하다는 듯 씩 웃으며 대답 대신 고개를 크게 끄떡였다. 어른들이 명절 음식을 준비하느라 바쁘니 아이에게 '동정'을 사오라고 심부름을 시킨 것이다. 아이는 '동정'이란 말이 평소 들어보지 못한 생소한 이름이니 잃어버릴까봐 "동정 동정 동정…." 하며 외우고 오다 그만 어느 순간에 "정동 정동 정동…."이 되어버린 것이다.

　오랜 세월이 지나도 한복저고리에 동정만 달려면 그 아이가 생각나 미소를 짓게 한다. 옷을 다 짓고 나면 그림에서의 화룡

정점처럼 마지막으로 동정을 단다. 옷을 아무리 곱게 지어도 한복은 동정이 달리지 않으면 단정한 옷태가 나질 않는다. 한복저고리에서 동정의 마무리 역할은 마치 용의 눈에 점을 찍는 것과 같은 것이다. 옷 짓는 과정이 힘들다가도 동정을 달면서 아이의 천진스런 모습을 생각하면 절로 웃음이 나온다. 어른의 심부름을 나온 아이의 심성도 곱지만 '동정'을 잊지 않으려고 "동정 동정…정동 정동…" 하고 외우면서 뛰어왔을 모습을 생각하면 우습기도 하지만 명절 준비로 바쁜 어른들 심부름을 온 그 마음도 기특하다.

자꾸만 뒤로 밀리는 우리 고유의 전통. 문화뿐만 아니라 예절 또한 함께 잊혀져가고 있다. '복식착용 심리학'에 따르면 자신이 착용한 복식에 따라 심리적 행동방향이 크게 달라진다고 한다. 그 예를 아이들에게 한복을 입혀보면 금방 알 수 있다. 개구쟁이처럼 사방을 이리 뛰고 저리 뛰고 하다가도 한복을 입히면 시키지 않아도 두 손을 가지런히 앞으로 모으곤 조신하게 움직이는 모습을 볼 수 있다. 자라는 아이들, 자유분방하게 마구 뛰어 노는 것도 좋지만 일 년에 한두 번 우리의 명절엔 어른뿐만 아니라 아이들에게도 우리 옷을 입히고 우리의 전통과 예의범절을 익히게 함은 어떨까 하는 생각이 든다.

예전 같지 않고 최근엔 명절빔이라고 따로 한복을 해 입는 사람이 거의 없다. 기껏해야 결혼을 할 때나 겨우 한 벌씩 해

입거나, 그나마 요즘은 그것조차도 대여를 해서 입는 사람들까지 있어 우리 옷은 자꾸 뒷전으로 밀려나고 있다. 얼마 전 일본을 다녀온 적이 있다. 일본을 여행하면서 그곳이 정말 일본임을 실감케 한 것은 다름 아닌 일본의 전통복식인 기모노다. 호텔에 들면 모두는 아니지만 기모노를 입은 직원들이 로비에 서서 친절하고 공손하게 인사를 건넨다. 그뿐이 아니다. 손님이 객실에 들어서 입을 수 있는 가운도 일본 냄새가 물씬 풍기게 하는 기모노(유카타)다. 그렇게 자기 나라의 복식을 대표하는 전통복식을 입으면 나라에 대한 책임감과 자긍심이 동시에 발동하여 고객을 맞는 자세부터가 달라질 것이다.

우리 옷인 한복은 세계 어디에 내놓아도 미적 감각이나, 세계를 아우르는 다양한 패션에서도 뒤지지 않는다. 아름답고 우아하기 그지없는 옷으로 자부해도 좋다. 세계적으로 오리엔탈 문화가 도래하는 21세기, 세계 굴지의 내로라하는 패션디자이너들도 서양복식에 한복의 선과 디테일 등 우리 옷의 이미지를 많이 활용하고 있다.

우리의 명절 한가위를 며칠 앞두고 우리의 옷, 한복이 자꾸만 뒷전으로 밀리고 있음이 안타까워 본의 아니게 넋두리를 늘어놓았다. 한복을 불편하다고만 하지 말고 아름다움에 대한 자긍심도 가졌으면 하는 간절한 바람에서다.

누가 상전인가

베란다 테이블에서 단감 하나가 쪼글쪼글 말라가고 있다. 위층 마리아할머니가 주신 두 개의 단감 중 나머지 하나다.

지난 10월 하순경이었다. 여느 때처럼 성당소식지를 들고 할머니 댁을 방문했다. 언제나 할머니 댁이 첫 집이고 보니 다른 집을 또 가봐야 한다는 핑계로 겨우 안부나 여쭙고는 늘 서둘러 돌아서기 일쑤였다. 하지만 그날은 날씨가 제법 쌀쌀해 방바닥은 따뜻한지 한번 짚어보고는 이내 돌아서서 나오려는데 할머니는 맨발로 달려 나와 내 손에 단감 두 개를 쥐어 주셨다. 그리곤 하시는 말씀이 며칠 전에도 내가 없는 사이 감 두개를 가지고 우리 집을 다녀가셨단다. 할머니는 무엇이든 맛난 것이 있으면 "우리 반쟁(나는 여기서 반장을 맞고 있음)이 생각"난단다. 지난여름에도 딸이 복숭아를 사왔기에 얼른 들고 내려왔더니 내가 없더라고 하시며 길에서 만나 손을 잡고는 아쉬워했다. 여행을 다녀오느라 며칠 집을 비운 사이 할머니는 복숭아를 들고 몇 번을 오르락내리락 하신 모양이다.

내가 사는 아파트는 단지 내에서 가장 작은 평형이다. 그러다 보니 신혼부부가 대부분이고 다른 동에 비해 독거 어르신들이 많은 편이다. 어르신들은 처음엔 아들. 며느리와 손주들과 함께 대가족을 이루며 살았으나 부모부양을 부담스러워 하는 자식들에 의해 떠밀리다시피 독립을 해 이처럼 홀로 여생을 보내는 경우가 대부분이다. 자식들과 떨어져 사니 며느리 눈치 안 보고 마음은 한결 편하나 늘 외롭고 쓸쓸한 마음을 감출 수 없다고 하소연한다. 시부모를 극진히 봉양했던 세대. 그리고 일제의 탈환과 전쟁을 거쳐 오면서 없는 살림에 자식들의 교육을 위해 아낌없이 자신을 헌신했던 세대다. 그러나 이제 섬김을 받아야할 나이에 이르러서는 오히려 가족들로부터 밀려나 고독한 여생을 보내고 있다. 이분들의 가장 큰 두려움은 혼자 그렇게 지내다 죽었을 경우 바로 발견이 안 되어 시체가 부패한다면 어쩌느냐는 것이다. 그래도 어르신들은 한결같이 "나로 인하여 내 아들 가정이 파탄 나는 것보다는 차라리 내가 좀 외로운 게 낫지."라고 말씀한다. 그야말로 '희생의 세대'라 아니 할 수 없는 세대가 지금 우리 어머니의 세대가 아닌가 생각된다.

이미 뒤처진 유행어라 할지는 모르겠지만 요즘 신세대의 며느리들은 '시'자를 싫어해 시금치도 안 먹고 음계의 계이름에서도 '시'를 뺀 나머지 일곱 개의 음계만 사용한다고 한다. 어디 그뿐인가. 인류 역사 이래 가장 운이 좋았던 여인은 성경 창세기의 인물 '하와'라고 하지 않던가. 그 이유는 하와에겐 애초부터 시어머니가 존재하지 않았기 때문이라나. 또한 최근 들어 아파트의 이름들이 '타워***'라든가 '**센트레빌' 등 5자 이상으로 길어진 이유도 시어머니가 긴 외래어를 잘 외지 못해 찾아올 수 없도록 그렇게 지었다는 웃지 못 할 이야기도 있다.

  겨울로 접어들어 요즘 며칠 날씨가 매우 쌀쌀해졌다. 모처럼 재래시장엘 다녀와 아욱 한 단을 샀더니 혼자 먹기엔 많다. 얼른 절반을 덜어 위층 할머니 댁 초인종을 눌렀으나 대답이 없었다. 늘 집에만 계시는 할머니의 기척이 없으면 혹시 혼자 계시다 병이 나서 꼼짝 못하고 누워 계시진 않는지? 그보다 더한 생각이 들기도 하며 별의별 생각이 다 든다. 조바심이 나서 저녁에도 두 번을 더 들렀다. 그러나 역시 반응이 없었다. 할머니는 며칠 후 돌아 오셨는데 길에서 만나 반가워하면서 어디 편찮은 데라도 있었던 것이냐고 여쭈었더니 기가 막힌 대답이다. 아들며느리가 외국여행을 가게 됐는데 집이 비어 개(犬)를 돌볼 사람이 없으니 어머니가 며칠 와 계시면서 개 좀 봐달라고 해서 요 며칠 아들집엘 다녀오셨단다. 동물을 아끼는 것까지야 누가 뭐라 하겠는가. 하지만 어머니와는 못살겠다고 늘그막에 덩그마니 살림을 내놓고는 밤마다 외로워하며 속으로만 눈물을 삼키는 그 어머니더러 여행을 가게 되었으니 와서 기르는 개 좀 봐달라는 게 말이 되는지…. 도대체 누굴 보고 뭐를 보살피란 말인가. 부모 섬기기를 개보다도 못하게 여기는 세상은 해도 너무 한다는 생각이 든다. 그런데도 할머니는 자식 탓은 아니 하고 "아이구 내 집이 편한데 가서 낯가림하느라 짖어대는 개하고 며칠 지내느라고 아주 혼났구먼." 하고 손사래를 칠 뿐이다. 이게 오늘날 우리들 어머니의 무너진 위상이고 안타까운 현주소다.

'개가 집 본다'는 말은 옛말이 되고 오히려 사람이 개를 봐야 한다며 쫓겨난 시어머니가 며느리 집으로 불려 가는 세상이다. 고생스럽지만 내색치 않고 자식들 뒷바라지 하며 내 안에 키웠던 꿈과 희망. 말없이 접어두고 쪼글쪼글 말라 가는 감처럼 찬바람 감도는 텅 빈 집에 앉아 외로움을 달래고 있을 할머니. 이 시대 어르신들의 현주소다.

천기누설

　지인의 초대를 받아 봄 햇살이 환하게 드는 정원테이블에서 점심을 먹는다. 언제 닦아놓았는지 장독들이 반질반질 윤이 난다. 장독대 맨 뒤에 대장처럼 선 커다란 항아리에 금줄이 쳐있다. 엊그제 삼월삼짇날 장을 담근 모양이다. 장항아리를 보니 백발인 할머니가 얼굴이 홍당무처럼 붉어지며 들려주던 이야기가 생각난다.
　고백성사를 하고 나온 듯 장독대를 다녀온 그녀의 얼굴은 늘 붉어졌다. 먹을 것이 넘쳐나고 음식물 쓰레기가 사회의 골칫거리가 된 지금에야 구시대적인 이야기가 되었지만 불과 한 세대만 거슬러 올라가도 특정한 날이 아니면 밥상에 비린 것 한 점 올라오는 일이 그리 흔한 일은 아니었다.
　그녀는 18세의 나이에 동갑나기 평택 중농의 막내아들에게

시집을 갔다. 시댁에 사는 동안은 시어머니, 맏동서의 시집살이
는 있었지만 경기평야에서 나는 기름진 쌀밥을 먹고 별 어려움
없이 살았다. 그러다 신랑이 대학진학을 하면서 서울로 신접살
림을 났다. 시댁에선 먹고 사는 것이야 걱정 없지만 서울에 집
을 사줄 형편은 못되었다. 시댁에서 내준 항아리 몇 개와 솥단
지, 식기 몇 개를 짊어지고 서울로 와 변두리 문간방에 세를
들었다. 학생인 남편은 한 푼 수입이 없고 시댁에서 얻어다 먹
는 양식은 늘 감질이 났다. 이고 지고와도 한 달이 채 되기도
전에 쌀독은 바닥을 보였다.

   그러던 새댁에게 아기가 생겼다. 기다리고 기다리던 임신이었
지만 입덧을 해도 학생신랑의 빈 주머니는 색시의 입맛을 돋우
어줄 수 없었다. 그러던 어느 날이었다. 주인이 외출한 뒤 주인
집 연탄불을 갈려고 갔는데 부뚜막에 누런 종이로 싼 꽁치묶음
이 있었다. 새댁은 침만 꿀꺽 삼키고 돌아서 나왔다. 그리고 방
에 와 누웠는데 천장에서 자꾸만 부뚜막의 꽁치가 은빛 광채를
내며 아른거린다. 그뿐이 아니다. 평택 만에 물이 들었다 빠지
면 갯벌에 허옇게 눕던 생선들까지 천장을 가득 채웠다. 새댁은
자신도 모르게 일어나 주인댁 부엌으로 갔다. 그리곤 꽁치 한
마리를 빼내와 소금을 뿌려 연탄불에 구워 눈 깜짝할 사이 먹
어치웠다. 나른했던 몸이 금세 생기가 돌고 세상 부러울 게 없
었다. 그러나 그것은 잠시뿐 외출에서 돌아온 주인아주머니의

음성과 함께 삐그덕 하고 부엌문 열리는 소리가 나자 그녀의 가슴은 방망이질을 치기 시작했다. 아주머니가 "새댁, 우리 연탄불 갈았네. 고마워!"라고 하는데 문도 열어보지 못하고 방안에서 기어들어가는 소리로 "네!"라고 대답만 했다. 그녀는 저녁때가 되어 밥을 하러 나가야 하는데 도저히 문을 열 수가 없어 날이 깜깜해진 다음에야 살금살금 나와 밥을 지었다. 학교에서 돌아온 신랑이 "당신 안색이 왜 그래? 입덧이 더 심해진 거야?"라고 물었지만 아무리 신랑이라도 낮에 있었던 일을 고백할 순 없었다.

불편한 잠을 자고 다음 날 아침이었다. 새댁이 연탄재를 들고 나오는데 주인아주머니가 마당 수돗가에서 꽁치를 다듬으며 "이상하다. 이상하다."라고 고개를 갸웃거리며 혼잣말을 한다. 그 말을 들은 새댁은 하마터면 연탄재를 놓칠 뻔했다. 그녀는 자신도 모르는 사이 연탄재를 들고 장독대로 가 항아리뚜껑을 열었다. 간장항아리에 비친 자신의 모습이 얼마나 부끄럽던지 얼굴이 화끈거렸다. 당황한 그녀는 순간을 모면하려고 아무렇지 않은 척 항아리를 열었던 것인데 그게 하필이면 말갛게 가라앉은 간장항아리여서 마치 거울처럼 자신의 모습을 그대로 비춰준 것이다. 그 뒤로 그녀는 꽁치만 보면 가슴이 두근거리고 얼굴이 붉어지더란다. 그런데 주인집은 생선을 사오면 왜 꼭 꽁치만 사오는지…. 방귀는 제가 뀌고서 남 꽁치 좋아하는 것까지 원망스럽더란다.

　그렇게 어미를 난감하게 했던 배 속의 아기는 주인아주머니를 제 할머니처럼 따르며 그 집에서 다섯 살까지 살았고, 그러고도 몇 차례 셋방을 전전하며 이사를 다녔다. 이사할 때 가장 신경 쓰이고 조심스러운 것이 장독이다. 장항아리 깨질까봐 조심조심, 이삿짐을 옮기는 인부에게 당부에 당부를 해 그동안 수차례 이사를 다니면서도 잘 모시고 다녔단다. 그런데 생전 처음 내 집을 마련해 이사를 하는 날 인부의 실수로 그만 장항아리가 박살이 났다. 일 년 먹을 장이 한꺼번에 땅바닥으로 쏟아져 검은 물결을 이루며 흘렀다. 그런데 그걸 지켜보는 그녀의 속이 아깝기는커녕 오히려 시원하더란다. 간장 한 종지 건지지 못했는데도, 미안해 어쩔 줄 모르는 인부의 마음과는 달리 일 마치고 돌아가는 그의 뒷모습이 조금도 밉지 않더란다.

　입덧으로 남의 꽁치 한 마리 훔쳐 먹고 평생 꽁치를 먹지 못한다는 그녀는 국내의 운수업체하면 손으로 꼽을 만큼 큰 회사의 회장댁, 아흔을 바라보는 노마님이다. 비밀 없는 사람 있을까. 사람마다 감추었던 비밀을 풀어놓으면 웃지 못 할 이야기들이 많다. 나는 어릴 적 자식들을 다 도시로 떠나보내고 혼자 사는 큰어머니 댁을 자주 놀러갔다. 어느 날 큰어머니가 상을 차리다 잠시 자리를 비운 사이 너무 맛있어 보이는, 노릇노릇하게 구운 자반갈치 한 토막을 황급히 훔쳐 먹다 가시가 목에 걸려 곤혹을 치렀다. 그 뒤부터는 갈치만 보면 목이 뜨끔뜨끔하다는 이야기를 했더니 그녀가 꽁꽁 싸두었던 비밀을 풀어놓은 것이다.

그녀의 고백성사를 들어주던 장독이 이젠 그만하면 됐다고, 더 이상 자신을 찾아와 고백성사를 보지 않아도 된다고, 죄책감을 감추지 못하는 그녀를 위해 자신이 모습을 감추어버렸는지 모른다. 그리고 그녀와의 비밀을 끝까지 지키려는 수단으로 박살나기를 감행한 것 아닌가싶다.

평양할머니

　계미년 설날 평양할머니는 아흔일곱 번째 설을 맞고 있다. 두엄자리(양로원) 할머니들과 인연을 맺은 나는 올해로 열 번째 할머님들께 세배를 하러 왔다.
　평양할머니는 두엄자리에서 가장 선참으로 여러 할머니들 중에서 연세도 가장 많다. 그야말로 두엄자리의 위계질서를 잡아 가는 왕언니 할머니였다. 할머니는 지금 세배를 받을 수가 없다. 작년까지만 해도 세배를 드리고 나서 신권 몇 장을 넣은 봉투를 할머니 앞으로 가만히 밀어드리면 "아니, 이런 뻡이 어딨누? 세배를 받는 내가 줘야지!"라며 기어이 꼬깃꼬깃 아껴두었던 천 원짜리 지폐를 고쟁이 속주머니에서 꺼내 내 손에 쥐어 주시던 분이었다.
　그런데 오늘은 꼼짝없이 병석에 누워서 설을 맞고 있다. 더구나 누가 누구인지 잘 알아보지도 못한다. 할머니는 연세에 비해 기억력이 참 좋았다. 지난봄까지만 해도 지난번에 봉사자 중 누가 오고 누가 안 왔었는지 기억을 했다가 무슨 일이 있었느냐고 꼭 안부를 묻곤 했었다. 뿐만 아니라 여느 할머니들과 다르게 성품이 정갈했다. 옛날 평양의 부잣집 맏며느리였던 품위를 잃지 않으려는 듯 양로원의 곤궁한 생활에도 함부로 눈물을 보이지도 않았고, 할머니의 여러 행동들로 그 의지를 엿볼 수 있었다.

할머니는 정갈하게 쪽진 머리 또한 여자의 정조라며 정수리의 엉성해진 머리칼을 모아 댕기를 물려서 쪽을 짓고 새댁 시절부터 꽂았다던 은비녀를 꽂았다. 그러나 지금은 그토록 애지중지 아끼던 겨우 아기주먹 만했던 쪽진 머리도 간수를 못한 지 오래다. 새로 사다드렸던 동백기름은 아직도 반 남짓 남았는데 할머니의 머리맡 창틀 난간에서 뿌옇게 먼지를 쓰고 있다.

할머니의 병세가 심각하게 드러난 것은 지난 어버이날부터다. 할머니는 그날 자꾸만 안 하던 행동을 했다. TV를 멍하니 보고 있다가 눈물을 글썽이더니 TV속으로 들어갈 듯 다가가며 "저기 내 손자가 와 있어."라고 헛소리를 했다. 그리고는 어버이날 특집 프로그램을 진행하는 아나운서를 당신 손자라며 그 속으로 들어가서 만나야 한다고 우겨댔다.

6·25때 가족이 이산되어 지금 할머니의 혈육이라곤 외증손

자 하나가 전부다. 그러나 그나마도 지금은 군복무 중이라는데 보고 싶은 손자가 당신을 찾아오지 않는다고 상사병이 났다. 그러다 서서히 치매가 진행되었던 것이다. 지금은 기력까지 쇠하여 거동을 못한 지 오래다. 할머니의 등과 엉덩이에는 욕창이 생기고 온몸에 '유천포창'이라는 물집이 온몸에 퍼졌다. 체내 저항력이 없어 피부의 겉피와 내피 사이에서 일으키는 피부 트러블로, 치유되기 어려운 병을 앓고 있다. 그리하여 병원에서도 포기해 퇴원해서 원장이 하루 한번 드레싱을 해드리는 것이 치료의 전부다.

작년까지만 해도 세배를 하고 나서 "할머니, 이제 사 년만 더 사시면 백세가 되시네요?"라고 하면 "글쎄, 내가 백 살까지 살 수 있을까? 그때가 되면 우리 손자가 제대를 허겄지?" 하시며 손자가 제대할 때까지 살고 싶다는 의지를 강하게 내보이셨던 분이다.

오늘은 할머니를 지켜보며 내 안에서 자꾸만 갈등이 인다. 정신력이나 기력이 모두 쇠잔할 대로 쇠잔한 할머니가 이승의 희망을 찾아가는 길이 너무나 멀게만 보이기 때문이다. 군대에 가 있는 그도 친손자도 아니요, 외증손자를 기다리는 참으로 빈곤한 희망이다. 할머니의 기력으로 다가가기엔 너무나 머나먼 길이라 아니 할 수 없다.

대개는 '개똥밭에 굴러도 이승이 좋다'고 한다던가? 아니다.

할머니의 짓무른 상처. 그리고 속으로 내는 가는 신음소리를 들으며 오늘은 나도 모르게 자꾸만 속으로 되뇐다.

 '하느님, 이젠 평양할머니가 잠자 듯 편안하게! 잠자 듯 편안하게…!'라고.

*할머니는 그해(2007년) 늦은 봄 정말 잠자듯 편하게 운명하셨다.

송화다식

 5월, 송화가 피었다. 바람이 불면 연초록 빛 산에서 노란 송홧가루가 뭉게구름처럼 일어나 이 골짜기에서 저 골짜기로 진한 향기를 싣고 흘러간다.
 해마다 송화가 피면 왠지 가슴 한편이 송화 향처럼 찡하게 아린 그녀가 생각난다. 나는 그녀를 좋아했다. 하지만 그녀는 그다지 친절한 편이 아니었다. 어린 시절 내가 어머니의 심부름으로 먼 길을 가도 반갑게 달려 나와 어서 오라는 말도 하지 않았으며, 무엇을 무겁게 들고 가도 머리를 쓰다듬어주기는커녕 수고했다는 칭찬도 하지 않았다. 조카딸을 반기는 그녀의 표현은 그저 눈을 맞추면서 그녀 특유 고개를 좌우로 끄떡끄떡 흔들며 씨~익 한번 웃으면 그만이었다.
 내겐 큰어머니가 세 분, 그리고 작은어머니가 한 분 계셨다. 셋째 큰어머니 댁은 늘 커다란 대문을 꼭꼭 닫아걸고 있었다. 그리곤 문을 한참 두드려야 머슴이 달려 나와 대문을 열어주었으므로 어린 내겐 위압감이 들어서인지 편치 않았다. 피부가 백옥처럼 흰 둘째 큰어머니는 별명이 '양산쟁이'였다. 시골에 살아도 늘 양산을 쓰고 다니는 멋쟁이였으며 말솜씨가 매우 상냥하고 친절했다. 둘째 큰어머니를 두고는 그게 좋은 뜻의 말이었는지는 잘 모르나 충청도 말로 '사철스럽다'라는 말이 따라다녔다. 어머니의 심부름을 하고 나서 은근히 칭찬을 기대했던 꼬마는 과묵한 첫째 큰어머니의 무심함이 매우 서운했다. 하지만 어린 마음이라도 왠지 둘째 큰어머니의 화려한 칭찬은 편치가 않았다.

 다섯 형제의 맏동서인 큰어머니는 늘 별 표정이 없었다. 큰어머니는 맏동서의 엄위는 고사하고 오히려 아랫동서들의 눈치를 보는 형편이었다. 큰어머니는 상처한 큰아버지의 재취인데다 시집와서 딸만 셋을 낳았고 글을 몰랐다. 큰어머니의 친정은 근동의 유지였고, 오라버니들 또한 명망이 높았으나 유일한 딸이었던 우리 큰어머니만은 안타깝게도 약간의 지적장애를 가지고 있었다. 그래서인지 당신의 주장도 없었고, 묵묵히 주어진 종갓집 일만 열심히 했다. 큰어머니의 광목앞치마는 늘 축축하게 젖어있고 얼굴엔 숯검댕이를 묻히고 있는 날이 많았다. 말 수가 적은 큰어머니가 누군가 당신 맘에 든다는 표현은 말없이 살며시 다가와 맛있는 것을 손에 꼭 쥐어주고는 고개를 좌우로 끄떡끄떡 흔들며 미소를 짓는 것이었다.

고향 마을 앞에 큰 저수지가 있었다. 일 년에 한번 모내기철이 되면 저수지 물을 모두 빼서 농업용수로 쓰는데 이때 마을 사람들은 큰 양동이로 한 가득씩 물고기를 잡는다. 아버지도 물고기를 잡아 제일 큰 것만 골라 맏형인 큰아버지께 갖다드리라며 내게 심부름을 시켰다. 나는 의기양양하게 물고기를 들고 윗마을의 큰댁으로 갔다. 그런데 마을 중간쯤 친구아버지가 사립문 밖에 나와서 담배를 태우다 나를 보고는 "네 이 노~옴, 우리 집 앞을 지나가려면 고기 한 마리 아저씨 주고 가거라!"라고 했다. 어린 나는 그 말이 정말인 줄 알고 그 자리에 펄썩 주저앉아 "이 나쁜 ㄴ아, 이거 우리 큰아버지 줘야하는데~!"라고 하면서 목을 놓아 울었다. 그때부터 친구 아버지는 내게 별명을 지어 돌아가실 때까지 나를 '욕쟁이'라고 불렀다. 내가 고향을 떠난 지 십 년이 훨씬 지난 이십 대 중반이었던가. 친구 아버님의 병환이 중하여 서울 병원에 입원해 계시다기에 문병을 갔다. 그런데 아저씨는 부축을 받아 겨우 일어나면서도 내게 "아이고~우리 욕쟁이가 왔네."라고 하셔서 우울했던 병실에 모처럼 웃음꽃이 퍼졌었다.

물고기를 가지고 큰댁에 가던 그날이었다. 친구 아버지의 놀림으로 울어 얼굴엔 눈물자국과 땟자국이 졸졸 묻어서 큰집엘 가서는 나를 놀린 친구 아버지를 큰아버지께 일러주려고 했다.

하지만 실망스럽게도 큰아버지는 없고 큰어머니가 달려 나와 물고기를 받았다. 큰어머니는 왜 울고 왔느냐고도 묻지 않았다. 다만 당신 앞치마로 얼굴을 닦아주고는 말없이 내 손을 잡고 과방으로 데리고 가 국화꽃무니가 찍힌 노란 다식을 손에 쥐어주었다. 코를 훌쩍거리면서도 얼른 먹음직한 다식을 입에 넣었는데 향기가 비위에 맞지 않아 뱉어버렸다. 그리고는 더 서럽게 울었다. 지금 생각해 보니 그것이 바로 귀한 송화다식이었는데 어린 내 입맛에 맞지 않았던 것이다. 그 뒤로 나는 성인이 될 때까지 송화다식을 먹지 않았었다.

괴산으로 귀농한 동생이 얼마 전 골동품가게에서 다식판을 구입했다기에 함께 동네 박달산에 올라 송홧가루를 턴다. 어릴 땐 고약했던 송화 향기가 그때의 큰어머니 나이를 먹은 지금에서야 참으로 향기롭다. 은은하다. 연노랑 빛깔이 참 곱다. 그때 큰어머니는 울고 온 조카딸을 위로하시려고, 심부름을 칭찬하시려고 과방에서 제일 귀한 송화다식을 챙겨주셨던 것이다. 그런데 난 큰엄마가 맛없는 다식을 주신 게 서러워 더 크게 울었다.

송홧가루는 채취하는 것도 쉽지 않을뿐더러 다식을 만드는 것도 수월치 않다. 송홧가루를 물에 여러 번 씻어 가라앉힌 다음 말려야 한다. 그래도 송화를 털며 큰어머니에 대한 따뜻한 정감과 옛 정서를 되짚어 볼 수 있어 옛 추억에, 향기에 푹 빠져든다.

겨울 무지개

　겨울 무지개를 보았다. 지난 일요일 새벽, 전화를 받고 대전으로 달려가 친구의 어머니를 천국으로 배웅하고 돌아오는 길에서였다.
　과학과 의술의 발달로 사람의 평균 수명이 점점 늘어나고 있다. 반면 태어나는 신생아의 수는 매년 심각할 정도로 줄고 있다는 보고다. 희생을 배제하고 자신만의 안일을 추구하는 현대인의 사고방식이 아이 낳기를 기피하거나 낳더라도 하나 둘만 낳기 때문이다. 따라서 인구의 고령화 추세가 가속화되면서 노인 문제가 우리 사회의 큰 이슈가 되고 있다.
　늘어나는 수명만큼 몸도 마음도 건강하며 일까지도 연장될 수 있으면 얼마나 좋으랴. 하지만 앞으로야 차츰 개선될지 모르겠지만 현재로선 늘어나는 수명에 준한 노인들의 복지후생문제에 대한 대비가 미흡해 문제가 많다. 특히 치매나 중풍을 맞게 되면 환자 자신은 물론이려니와 함께 사는 가족들에게까지 일상에 어려운 영향을 미치게 된다.

내가 아는 어느 시인의 어머니는 중풍과 치매를 8년 동안 앓다가 돌아가셨다. 시어머니를 8년 동안이나 수발한 며느리는 마침내 허리디스크며 우울증까지, 온몸에 병이 왔다. 그래서 나중엔 할 수 없이 시어머니를 모시고 나란히 병원에 입원하게 되었다. 아무것도 모르고 집에 가고 싶다며 아픈 며느리를 조르던 시어머님이 자신 때문에 그만 집에 가지 못하고 병원에서 선종하셨다고 시인은 못내 아쉬워했다.

충북 음성의 '꽃동네'에 가면 '천사의 집'이라는 노인병동이 있다. 이 병동엔 치매환자와 임종을 바로 앞둔 이들이 대부분이다. 여기엔 행려병자가 거리를 떠돌다 죽음 직전에 앰뷸런스에 실려 왔거나, 병이 깊은데 연고가 없어 보호를 받을 길이 없는 사람이 수용되어 있다. 반면 그곳 실정을 자세히 들어보면 자식들이 병든 부모를 이곳 병원 문간에 몰래 버리고 간 경우도 상당수 있다는 씁쓸한 뒷이야기도 있다. 물론 자식이 부모를 버리는 것은 천륜에 위배되는 참으로 안타까운 일이다. 반면 이런 아픈 이야기를 거론하기 전 그 이면의 우리나라 고령인구 대비, 노인에 대한 복지정책도 신중히 짚어 봐야할 문제가 아닌가 싶다.

이곳 치매병동에서 봉사를 하며 한 분 한 분 노인들의 행동을 가만히 지켜보면 그분들의 과거 삶을 조금은 짐작할 수 있다. 잠도 별로 없는 할머니가 짧은 토막잠을 주무시는 시간 이외엔 단 3분도 가만히 앉아있질 못하고 밤낮없이 긴 복도를 왔다 갔다 한다. 바삐 어디론가 가는 할머니를 붙잡고 "할머니, 어디 가세요?"라고 물으면 "보리쌀 꾸러가능겨! 저녁밥 할라고."라고 한다. "할머니, 제가 보리쌀 꿔다 놨어요. 그러니 이제 그만 앉아계세요."라고 하면 "그려? 그럼 안가도 되징!"하고 크게 한숨을 내쉬며 앉는다. 그러나 채 3분이 되지 않아 또 일어나 바쁜 걸음으로 보리쌀을 꾸러 간다고 한다. 같은 질문에 늘 한결같은 할머니의 대답이고 행동이다. 지나온 할머니의 삶에 있어 한 끼 끼니를 잇는 일이 얼마나 절박하고 절실했으면 저럴까 싶어 가슴이 아리다.

　이번에 돌아가신 친구의 어머니도 치매를 앓으셨다. 딸이 "엄마, 내가 누구야?"라고 물으면 "엄마!" 며느리가 똑같이 물어도 "엄마!"라며 같은 대답을 했다고 한다. 친구의 어머니는 젊어 혼자가 되어 도시의 가난한 삶을 꾸리며 5남매를 키웠다. 형편이 어려우니 하루도 쉬지 않고 나가 돈을 벌어도 자녀들 공부를 제대로 시킬 수가 없었다. 중학교에 입학해야할 어린 자녀들을 객지의 일터로 내보내야 했다. 자식을 공부시키지 못하는 마음이 얼마나 아팠으랴. 그런 자식들은 또 낮은 임금을 받으며 맞벌이로 살림을 꾸려야 했다. 그러니 어느 자식 집인들 어머니가 계시기에 편했으랴. 남들처럼 제대로 공부시키지도 못하고 물려준 재산 또한 없었으니 늘 죄스런 마음에 어머니의 삶은 연로해서까지 외로운 삶이었을 수밖에. 그래서 어릴 적 자신을 품어주던 엄마의 품처럼 따뜻한 위로와 정이 얼마나 그리웠던지 당신이 아기가 되어 딸도 며느리도 그저 '엄마'라고 했다. 노인요양원에 계시는 동안에도 누가 다녀갈라치면 "엄마, 가지마!"라고 하며 아이처럼 붙잡고 매달렸다고 한다.

그런 어머니가 외롭고 고달팠던 이 세상 삶을 마감하고, 그리던 엄마 품으로 귀향했다. 눈을 감은 모습이 마치 아이의 모습처럼 곱더란다. 편안히 천국으로 가시라고 기도로 친구의 어머니를 배웅하고 돌아오는 길이었다. 아무 말도 없이 손만 흔들던 친구의 눈시울처럼 붉은 노을이 눈 덮인 겨울산 능선을 물들였다. 나도 자꾸만 코끝이 찡해져 눈을 지그시 감고 있다 떠보니 서녘 하늘에 무지개가 떠 있다. 처음 보는 겨울 무지개다. 지는 해를 둥그렇게 감싸고 끊어질 듯하면서도 길게 이어져있다. 친구의 어머니가 가시는 길, 이승과 저승 사이에 다리를 놓은 무지개가 아닌가 싶다.

이승에서 졌던 무거운 짐 다 내려놓고 아이 같은 마음으로 엄마를 만나러 가는 친구의 어머니. 보기 드문 저 겨울 무지개가 다리를 놓아주며 어머니의 귀향을 환영하는 것은 아닐까 위안을 해본다. 부디 편한 귀향이 되길 간절히 바라며 삼가 명복을 빈다.

3.
솔비 내리다

무릇꽃 여인

그녀의 무덤가에 무릇꽃이 피었다. 그의 삶만큼이나 희고 순박한 까치무릇꽃이 흐드러지게 피어 봄을 환하게 수놓고 있다.

그녀의 친정은 근동에서는 내로라하는, 벼슬한 전주 이씨 집안이었다. 그런 유복한 집의 고명딸이었던 그는 재취로 시집을 왔다. 친정아버지는 물론이고 오라버니들도 이름 석 자만 대면 알만 한 사람은 다 아는 식자였다. 그러나 유일한 딸이었던 그녀는 까막눈이었다. 그래서 자신이 낳은 딸들의 생년월일조차 숫자로 외지 못하고 생일을 그저 큰딸은 '메주 쑤던 날' 작은딸은 '김장하던 날'로만 기억했다.

그녀가 자녀를 기를 때만해도 우리나라 사람들의 교육열은 그다지 높지 않았다. 뿐더러 지금처럼 어머니가 발 벗고 나서서 자녀를 다잡고 교육에 열을 올리는 시절도 아니었다. 그러니 설사 글을 모른다고 해도 그다지 생활의 불편함이 없었으리라. 하지만 그녀는 67세로 생을 마감하는 동안 적지 않은 설움을 받았다. 그는 남을 시기하거나 다른 어떤 것에도 탐을 낼 줄 몰랐다. 하지만 음식에 있어서 만은 유독 식탐을 부려 시어머니와 남편, 심지어 나중엔 며느리에게까지 곱지 않은 대우를 받곤 하였다. 그래서 부유한 집에서 태어나 궁색하지 않게 자란 그녀에게 시집살이의 설움이란 고된 일보다도 늘 친정에서처럼 풍족하지 못한 먹거리에 대한 갈증이 아니었는지 모른다. 약간의 지능장애를 지닌 그녀의 유일한 즐거움은 오직 맛있는 것을 배불리 먹는 일이었으니까. 당시로 봐서 시집 형편이 어렵진 않았다. 하지만 설령 부유했다한들 그 시대 무슨 먹거리가 그렇게 풍족했겠는가. 만만치 않은 덩치인데다 늘 음식이 풍부하진 않았으니 아내로, 며느리로 또한 시어머니로서 체면을 지키며 식욕을 억제하는 것이 그녀의 가장 큰 고역이 아니었을까 싶다. 그래서 그녀는 때때로 종가의 맏며느리로서 근엄해야할 체면을 무너뜨리곤 했다. 몰래 감춰뒀던 음식을 혼자 먹다가 들키곤 해서 시어머니나 남편으로부터 호된 꾸지람을 받기도 했던 것이다.

 그러던 그녀의 시집살이가 끝난 것은 남편을 여의고 나서부터였다. 남편이 죽자 시어머니는 작은아들네로 거처를 옮겼고, 전처소생의 아들 내외는 아이들의 교육을 핑계 삼아 도시로 떠났다. 그리고 그 큰집에 달랑 그녀 혼자만 남게 되었다. 그때

내 나이는 일곱 살쯤이었다. 어리긴 했으나 혼자 남은 큰어머니가 쓸쓸해 보였다. 그래서 저녁때가 되면 딴에는 큰어머니를 위로한답시고 10분 남짓 걸어 큰집을 찾아가 군불을 때는 큰어머니 곁에 바싹 붙어 앉아 무슨 얘기인지를 한참씩 조잘거리다 오곤 했다. 그러다 초등학교에 입학을 하면서부터는 저도 이제 어설프게 익히기 시작한 한글과 숫자를 큰어머니께 가르쳐주겠다고 했다. 부지깽이로 부엌바닥에 글씨를 써놓고는 큰어머니도 따라 써보라며 꽤나 아는 척을 했던 것이다.

환갑이 넘은 까막눈이 여인에게 글을 가르쳐주겠다고 하는 것은 어쩌면 그녀에게 쥐구멍이라도 있으면 피해보고 싶은 곤혹이었던 것 같다. 그래서 얘기를 잘 하다가도 글 얘기만 나오면 큰어머니는 빨리 그 자리를 모면하려고 했다. 그래서 광목 앞치마 속에 감추었던 옥수수를 얼른 꺼내 "아나, 어서 옥수수나 먹으렴." 하고 내 손에 꼭 쥐어주곤 했다. 처음에야 제가 배운 것을 자랑할 양으로 큰어머니 앞에 글을 써 보였지만 큰어머니가 그것을 모른다고 하니 주제넘게도 그럼 글을 가르쳐주겠다고 덤비곤 했던 것이다. 그럴 때마다 큰어머니는 당혹해 하며 입을 틀어막기 위해 먹을 것을 내주었다. 그런 일이 반복되다보니 영악한 계집애는 어느덧 습관처럼 되어 입이 좀 심심하다 싶으면 '글을 가르쳐주겠다.'는 것을 마치 무기처럼 들고 나서서 큰어머니를 곤혹스럽게 했다. 그러면 큰어머니는 당신이 먹으려고 숨겨두었던 고구마나 옥수수 등을 내주며 내 입을 틀어막곤 했다. 한편으론 외롭기 그지없지만 큰어머니로서는 그제야 비로소 시집살이인 음식절제로부터 해방을 얻은 것이나 다름없었다. 그런데 난 속도 없이 큰어머니를 위로한답시고 또는 글을 가르쳐준답시고 그분의 유일한 즐거움을 훼방 놓았던 것이다.

큰어머니는 환갑이 넘은 나이에도 그토록 순수하기만 했다. 시어머니나 다른 동서들의 무시와 시집살이가 만만치 않았음에도 불구하고 그 큰 살림살이 한 번도 꾀를 부리거나 성을 내지 않고 언제나 묵묵히 일만 했다. 종가의 맏이였으나 평생 부엌데기로 숯검댕이나 묻히며 시집살이를 했다. 그러면서도 늘 무엇이 그다지 즐거운지 웃음을 잃지 않고 살다가 늘그막엔 덩그마니 큰집에 혼자 남아 외롭게 생을 마감했다.

'산자고'라고 불리는 까치무릇꽃은 풀밭에서 자라는 백합과의 여러해살이풀이다. 봄에만 잠깐 자라는 이 풀은 다른 풀이 자라기 전에 일찍 피었다가 지는 꽃이다. 다투어 키를 키우는 일도 시기질투도 싫어하는 것이 꼭 우리 큰어머니를 닮았다.

다른 사람들과 경쟁할 줄도 모르고, 더구나 세상을 숫자로 셈하지 않고 마음이 무릇꽃처럼 희고 맑았던 그녀. 살아생전에는 지능이 좀 모자라 사람들로부터 적지 않은 멸시를 받기도 했으나 그녀의 무덤은 운 좋게도 장남인 남편도 차지하지 못한 시아버지의 산소 바로 아래 자리를 잡고 앉았다. 그녀의 좋은 사후담은 그뿐만이 아니다. 가끔씩 친척들의 꿈에 등장하는 그녀는 한결같이 정갈한 옷차림에 정경부인 같은 위엄을 갖추곤 그윽한 미소까지 지으며 나타난다고 한다.

　무덤가에 수북이 핀 까치무릇꽃이 큰어머니의 미소만큼이나 반갑게 나를 반긴다. 환한 무릇꽃으로 피어 깍쟁이 조카딸의 성묘를 반긴다.

달빛을 덮고 잠들고 싶은 밤

안젤라님.

이글거리던 아스팔트에서 피직피직 소리가 나는 듯합니다. 한중막 같던 서울에 모처럼 굵은 빗줄기가 내리고 있습니다. 속초에서 있었던 문학세미나가 끝나고 연장된 휴가. 설악동에서 보낸 4박 5일은 참으로 편한 휴식이었습니다.

안젤라님은 제가 휴식을 취하기에는 교동에 있는 댁의 아파트보다, 오히려 설악동의 그 집이 편할 거라며 민박집을 소개해 주셨지요. 산으로 둘러싸인 청정한 동네의 아늑한 집은 안젤라님의 말씀대로 참 편했습니다. 조용하고 친절한 민박집 아주머니와는 주객관계라기보다 이모 같고, 조카처럼 지낼 수 있었습니다. 짧은 기간이었는데도 정은 듬뿍 들었던가, 떠나올 때에는 어머니를 혼자 남겨두고 오는 것처럼 마음이 시려 자꾸만 뒤를 돌아보았습니다.

　지금은 여름휴가의 절정 시기라 설악은 또 몸살을 앓겠지요. 설악을 무척이나 사랑하는 안젤라님은 그럴 때마다 자식 아픈 것처럼 마음이 아프다고 하셨지요. 설악동에서 휴가를 마치고 돌아올 때였습니다. 서울에 도착해서는 다시 그곳 설악동으로 돌아가고 싶은 생각이 굴뚝같았습니다. 그곳의 쾌적함과는 너무나 상반된 환경. 끈적끈적 고온다습한 폭염에 숨이 막힐 것만 같았습니다. 다시 아니, 어쩔 수 없이 이런 환경에 또 적응하고 살아갑니다. 하지만 도시로 들어올수록 답답함은 도시인들의 이기적인 편리함 대신 치르는 대가라는 생각이 듭니다.

　안젤라님께서 제게 떠나기 전에 꼭 한번 설악의 아침을 보여주고 싶다며 당신의 산장으로 초대를 해 주셨지요. 떠나오기 전날이었습니다. 새벽부터 서둘러 일출 전에 산장으로 올라갔지요. 안개 속에서 기지개를 켜며 서서히 일어서는 속초 앞 바다와 조용히 그 위용을 드러내는 설악! 그 신비한 풍광에 그만 호흡이 멈출 것 같아 저는 미동도 않고 서 있었습니다. 안젤라님은 한참 뒤에야 숨을 길게 내쉬는 제 품에 가만히 찻잔을 안겨 주었습니다. 권금성산장에서 내려다보는 산과 바다의 수려한 아침 풍광은 물론이고 공복에 안은 은은한 녹차의 향기! 너무 황홀하면 사람의 감정이 정지되나 봅니다. 뭉클한 감동을 표현할 어떤 미사여구조차 생각할 겨를이 없었습니다. 다만 눈물이 앞서 뚝 떨어졌습니다. 가만히 지켜보던 안젤라님은 찻잔을 감싸 쥐고 제 곁으로 와 나란히 서며 나지막한 목소리로, 사계절 각각 다른 설악 예찬을 덧붙여 주셨지요. 그래서 하루에도 몇 번씩 달려가고 싶은 곳입니다.

봉화대에 올라갔던 제가 그냥 내려오자 안젤라님은 날씨도 쾌적해서 등산하기엔 그만인데 왜 산행을 하지 않느냐고 물으셨지요. 산행을 좋아하는 제가 화채능선이 코앞인데 왜 능선을 따라 대청봉으로 오르고 싶은 마음이 없었겠습니까. 그러나 신성한 아침의 설악을 감히 밟고 싶지 않았습니다. 오히려 가슴 가득히 아침 산의 신비로운 풍광을 저축해 두고 싶은 생각이었습니다. 그래야 더 오래도록 인상에 남을 것 같아 아쉬움을 뒤로하고 산을 내려왔던 것입니다. 아닙니다. 사실은 왠지 뭉클한 것이 가슴을 내리 눌러서였습니다.

봉화대를 내려와 다시 산장에 들렀을 때 나지막한 남성가수의 비음으로 흘러나오던 샹송. 투박한 괴목탁자 위 유리잔에 송글송글 맺힌 물방울. 봉화대에서 가슴 뭉클했던 것이 아마도 그 물방울 같은 그리움이었나 봅니다. 언제나처럼 그렇게 막연한 그리움 말입니다. 안젤라님이 얼른 내 표정을 읽고 "헬레나에게서 짝이 생겨야할 텐데…." 하며 안타까워하던 모습도 잊히지 않습니다.

그러나 안젤라님, 그리움은 때로 사람을 외롭게도 하는 반면,

한편으로는 행복한 일이기도 합니다. 상상 속에서 얼마든지 자유로운 연애를 할 수 있으니까요. 그뿐이 아닙니다. 늘 희망을 접지 않고 있다는 증거이기도 하지요. 그러니 낙관적인 그리움이 아닙니까? 웃으시며 '노처녀의 자기합리화가 아니냐?'라고 하실지 모르겠지만 그래도 저는 그런 철없는 꿈을 끝까지 포기하지 않을 겁니다.

  그날 밤이었습니다. 마음 같아서는 그대로 그곳에 묻혀 살고 싶은 생각이 간절했습니다. 떠나오기가 못내 아쉬웠던 저는 친구를 졸라 바다로 나갔습니다. 집어등을 밝힌 오징어잡이 배나 구경하자고 나갔는데 뜻밖의 행운이었습니다. 맷방석만한 보름달이 잔잔한 밤바다를 나지막이 덮고 있었습니다. 흑공단(비단의 한 종류) 같은 밤바다의 물결 위에 금사로 자수를 놓은 듯 물결마다 달빛이 아롱졌습니다. 사실 저는 언제부터인가 꽉 차 오른 보름달보다는 조금 이지러진 달을 더 좋아합니다. 달이 기울어 감은 이기심으로부터 마음을 비우고, 덜 차오름 또한 사랑으로 부족함을 채워가야 할 신앙인의 지표라고 생각되어졌기 때문입니다.

  반면 보름달을 보면 채워졌다는 포만감은 잠시뿐이고, 왠지 이내 허전해지곤 했습니다. 어느 날 친구 같은 짓궂은 제부가 왜 보름달보다 덜 차오른 달이 더 좋으냐고 물었습니다. 저는 "보름달 속에 담을 연인이 없어서 그렇지."라며 농담 반, 일부러

퉁명스럽게 대답을 했었지요. 그런데 가만히 생각해 보니 그 말이 맞습니다. 보름달의 풍만함에서 오히려 상대적인 빈곤을 느꼈던 것입니다. 오전에 산행 구미가 당기는 화채능선을 오르지 않은 것도 핑계였습니다. 사실은 연인이 생기면 꼭 함께 오르고 싶은 곳이어서 아껴둔 것입니다.

 그러나 그날 밤 속초바닷가에서만은 연인이 없어도 보름달이 좋았습니다. 좀처럼 나타나지 않는 얄미운 연인은 생각하지 않기로 했습니다. 저는 그토록 맑고 둥근 달 속에 연인대신 아침에 산장에서 설악 예찬을 들으며 마셨던 찻잔을 올려놓았습니다. 은은한 차의 향기가 바다에 비친 달빛을 타고 가슴 가득 전해졌습니다. 안젤라님의 따뜻한 미소가 달을 가득 채웠습니다. 친절과 배려가, 마음 편한 휴식이 달을 가득 채웠습니다. 여름밤 어머니의 부채질 같은 바람이 얼굴을 스치고 철썩이는 파도소리는 자장가처럼 들렸습니다. 그대로 달빛을 덮고 잠들고 싶은 그런 밤이었습니다.

 산장을 운영하며 설악에서 30년 가까이 살아도 매일 새롭고, 해가 갈수록 설악의 품은 헤아릴 수없이 넓어만 진다고 하신 안젤라님의 설악예찬은 멀리서도 가슴 설레며 설악을 사모하게 합니다. 서늘한 바람이 불고 설악이 온통 비단이불(단풍)을 내려 덮을 즈음 다시 안젤라님의 신세를 질 생각입니다. 그날을 기다리는 마음으로 더위를 식힙니다. 아울러 화채능선을 동행할 사람도 부지런히 찾아야겠습니다.

  남은 이야기는 많지만 찾아뵐 때에 안젤라님과 마주하는 찻잔에 담아내고 싶어 아껴 둡니다.

*이 글은 2000년대 초에 쓴 것임

동거

 이미 입동이 지났고 추위가 닥친 때라 내 집에 온 그를 내쫓을 순 없었다. 그래서 어쩔 수 없이 그와의 동거가 시작되었다.
 나는 꾸물꾸물하고 느밀느밀한 놈들을 싫어한다. 아니 혐오스럽다고 하면 너무 지나친 표현일까. 아무튼 싫다. 그런데 그런 그가 내 집에 눌러앉아 겨울을 나고 있다. 그에게 방을 하나 내준다는 것은 과잉친절일 테고 그도 제 분수를 알아 몹시 불편해할 것이다. 그래서 좀 춥기야 하겠지만 베란다를 내주었다.
 될 수 있으면 말과 행동이 어긋나지 않으려고 노력한다. 하지만 그 일이 말처럼 쉽지만은 않다. 나름대로 꽤 오래전부터 자연환경에 대해 관심을 가져왔다. 한편 불교신자는 아니지만 될 수 있으면 하찮은 미물이라도 살생을 하지 않으려고 한다. 하나의 예를 들면 우리 집은 바로 산 밑이다. 그래서인지 방충망이 있어도 벌레나 곤충들의 출현이 잦다. 종종 일어나는 일인데도 그것들의 침입이 있으면 나는 매번 놀라 멈칫 물러섰다가는 숨 한번 크게 내쉬고서야 그들을 다치지 않게 밖으로 내보내곤 한다.

지난 초겨울 저녁 무렵이었다. 날씨가 제법 쌀쌀해 국을 끓일 양으로 식탁에 앉아 TV를 보면서 아욱을 다듬고 있는데 손등이 간질간질했다. 뭔가 심상찮은 느낌에 내려다보니 달팽이가 붙어있질 않는가. 나는 생각할 겨를도 없이 소리를 꽥지르며 있는 힘을 다해 그를 뿌리쳤다. 달팽이는 식탁 밑으로 나뒹굴었고, 나는 한참동안이나 가슴이 벌렁거리고 귀에서 스~윽~슥 무엇이 스쳐가는 듯 환청이 들렸다. 벌레나 파충류를 보면 이상하게 귀에서 소리가 난다. 그런데 아욱에 붙어온 달팽이가 더듬이를 쭉 내밀고 느밀느밀 내 손등을 타고 오르질 않던가. 그날 저녁 아욱국은 끝내 끓이지 못했다.

유기농 채소엔 심심찮게 벌레나 달팽이가 붙어온다. 채소를 다듬다가 벌레를 보면 징그러워 갖은 인상을 다 쓰면서도 "너 임마, 여기 잘못 온 거야."라고 하면서 그것을 다시 잎사귀에 올려 베란다 밖 화단으로 던지곤 했었다. 그런데 이젠 그럴 수 없다. 만약 밖으로 던진다면 백발백중 얼어 죽는다. 그러니 그걸 뻔히 알면서 그럴 수는 없는 것이다. 그래서 달팽이는 베란다의 아이비 화분에 거처를 정하고 겨울을 나고 있다. 베란다에서 겨울을 나고 있는 것은 달팽이뿐이 아니다. 그보다 먼저 노린재와 무당벌레 한 마리가 자리를 잡고 점잖게 동안거를 시작했다. 그들은 날씨가 몹시 추우면 죽은 듯이 몸을 움츠리고 있어 어느 때는 죽은 줄 알고 혀를 차며 안쓰러워하기도 했었다. 그런데 기특하게도 며칠 지나 날씨가 조금 풀리는 듯싶으면 슬슬 기어 나와 나를 안심시키곤 했다.

이제 곳곳에서 '산수유꽃망울이 터진다. 매화가 핀다'는 봄소식이 올라오고 있다. 추위는 그렇다 치더라도 먹을 것이 없어 그들이 어찌 겨울을 날까 걱정했었는데 무엇을 먹고 살았는지 염려와는 달리 무사히 봄을 맞았다. 요즘엔 베란다 방충망을 조금씩 열어둔다. 사람보다 곤충들이 기후변화에는 더 민감하다고 하니 저희들이 먼저 때를 알아 살길을 찾아 나설 것이기 때문이다. 그런데 참 이상하다. 별로 좋아하지도 않고, 오히려 가까이 가기를 꺼려했을 뿐더러 어쩔 수없이 내 집 베란다에 거처를 내주었을 뿐인데 막상 그들을 떠나보내려니 왠지 서운한 마음이 앞서 든다.

그동안 굳이 고운 정은 아닐지언정 미운 정이라도 들었던가 보다. 그래서 자연을 가까이 하다보면 모든 만물이 다 나와 친구가 되고, 내가 아끼면 그 어느 것도 나에게 해를 끼치지 않는다고 하는가 보다. 노린재는 역한 냄새를 풍기는 곤충이라고 알려져 있다. 그러나 자기를 해치지 않으면 굳이 자기방어용 냄새를 풍기지 않는다. 그러니 내 집에서는 한 번도 냄새를 풍기지 않아 한 계절을 같이 지냈으면서도 그가 어떤 고약한 냄새를 지녔는지 모른다.

이제 봄이니 머지않아 여름이 올 것이다. 그럼 또 한바탕 곤충들과의 실랑이가 시작되겠지만 어서 날이 따뜻해져, 저들이 나와의 부자연스러운 동거를 끝내고 편하게 살 수 있는 숲으로 돌아갔으면 한다.

칠삭둥이 국화

 여름장마도 채 끝나지 않았는데 며칠 전 한 문우로부터 국화가 피었다는 전화다.
 요즘은 철을 잊은 것들이 많다. 과일이며 채소, 꽃도 마찬가지다. 그 원인은 과학영농기술이 발달하면서 비닐하우스재배가 첫손꼽기도 하지만 최근 달라진 기후도 한몫을 한다. 우리나라의 기후가 점점 아열대기후로 변해가고 있다는 사실이 여러 면에서 입증되고 있다. 예를 들면 중부 이남에만 분포하던 대나무를 요즘엔 서울의 정원에서도 흔히 볼 수 있다는 것. 또는 남부지방에서만 볼 수 있었던 동백이 차츰차츰 북상하여 자생범위가 넓어지고 있다고 하는 어느 생태연구소의 보고도 있었다.
 그러나 어떤 경로로든 제철을 잊고 나온 것에 대해서는 반가움이나 경이로움에 앞서 조금은 안쓰럽다는 생각이 먼저 든다.

제 스스로가 아니라 억지춘향으로 나왔다는 생각 때문이다. 국화는 봄부터 싹을 올려 묵묵히 여름을 보내고 가을, 오상고절의 서릿발에 굴하지 않고 꽃을 피움으로 군자의 절개를 비유하는 꽃이다. 문우는 평소 국화를 매우 좋아하는 편이었지만 어째 7월에 핀 국화는 좀 생소하기도 하려니와 그리 달갑지도 않다고 했다. 그도 그럴 것이 화훼농장에서처럼 꽃을 일찍 출하할 양으로 일부러 온상재배를 한 것도 아니요, 똑 같은 화분이 베란다에 세 개 나란히 있었는데 그중 하나만 유난히 일찍 꽃을 피웠다는 것이다. 그럼 꽃이 제대로 모양은 갖춰 피었느냐는 내 질문에 그녀는 사람으로 말하면 조산이나 다름없으니 제철에 피는 것처럼 꽃송이인들 탐스럽겠느냐는 반문이었다.

그럼에도 나는 문우의 말에 한 계절이나 앞서 국화가 피었으니 길조가 아니겠느냐고 위로를 했다. 그런데 그녀는 여전히 나의 설득에도 아랑곳하지 않고 영 찜찜해 하며 서둘러 핀 국화를 안쓰럽게 여기는 눈치였다. 그래서 얼른 "그 정도로 관심 깊은 걸 보니 그거 글감 되겠구먼. 제목은 '칠삭둥이'가 어떨까."라며 웃었다. '칠삭둥이 국화'라! 내가 이름을 지었지만 지어놓고 생각해 보니 웃을 일만이 아니다. 나는 어떠한가. 이내 가슴 저편에서 뭉클한 것이 올라온다.

나는 태중에 있을 때 어머니를 많이 괴롭혔다고 한다. 지금으로 말하면 임신중독 상태였던 것으로 여겨지는데 의술이 발달하지 못했던 그 당시로써는 그저 임산부가 자연 해산할 때까지 어려움을 참고 견디는 수밖에 없었던 모양이다. 어머니는 태중에 아기를 담고 있는 열 달 내내 편히 누워서 잠을 자본 적이 거의 없었단다. 출산 역시 난산이었고, 낳고 보니 아기 또한 영양공급을 제대로 받지 못해 살이 말라서 몸이 배배 꼬일 정도였다고 한다. 지금 같으면 체중미달로 인큐베이터에 들어갔을 상황이었겠지만 그때 형편으론 그럴 수도 없었다는데 다행히 젖살이 오르면서 그럭저럭 건강하게 잘 자라더란다.

태교도 중요하지만 태아의 영양공급 상태 또한 매우 중요한 것이다. 성장하면서, 아니 성인이 되어서까지 그 영향이 미치는 같다. 나는 지금도 변변치 못해 잔병치레를 자주 하는 편이다. 내 기억으로는 지금까지 한 번도 통통하게 살이 올라본 적이 없다. 어렸을 때의 별명도 늘 '빼빼' 아니면 '새다리'였다. 그러니 힘인들 셀까.

초등학교 4학년 때 잠시 다른 동네로 이사를 한 적이 있었다. 그런데 그 동네 아이들 텃세가 어찌나 심하던지 하루는 하굣길에 나보다 덩치는 좀 크지만 한 학년 아래인 계집아이가 골목을 지키고 있다가 나타나서는 자꾸만 깐죽거리는 것이었다. 참다못해 그를 혼내주려다 그만 엉겨 붙어 싸움이 벌어졌는데 나는 그만 힘이 부쳐서 먼저 주저앉고 말았다. 얼마나 억울하던지 눈이 통통 부어 집으로 돌아왔다. 그때 어머니의 마음이 어떠셨을까. 그 다음날 어머니가 나 몰래 그 아이 집을 찾아가 아이를 혼을 내주었다는 것을 나중에서야 알게 되었다.

이렇듯 나는 예나 지금이나 어머니에게 '칠삭둥이'나 다름없는 안쓰러운 존재다. 타고 난 체질과 체력은 물론이지만 마음 또한 여물지 못한 것이 더욱 그렇다. 마음이 다부졌더라면 실속 있게 제때에 결혼을 했을 것이다. 그리고 아이를 낳아 키워서 지금쯤 은 늠름하게 성장한 청년을 얼마나 흐뭇하게 지켜볼까만. 결혼을 생각해보지도 않고 왜 지레 내빼며 결혼을 안 하겠다는 생각을 먼저 했는지 모르겠다. 그렇다고 가고자했던 수도자의 길을 걷고 있는 것도 아니면서 말이다. 이런 것부터가 어머니가 나를 '칠삭둥이'로 바라볼 수밖에 없도록 하는 처세가 아니었던가 하는 생각이 든다.

비록 원했던 길을 걷고 있지는 못하지만 봉사도 하고, 쓰고 싶었던 글도 쓰며 자신을 잘 추스르며 살고 있다고 자부하는데, 어머니가 보시기엔 그럴수록 내 하는 짓이 안쓰럽게만 여겨지나 보다. 괜찮다고, 나름대로 만족스럽고 또 이 같은 삶을 남들이 부러워하지 않느냐고 변명이라도 할라치면 어머니는 혀를 껄껄 차며 한심하다는 눈빛으로 딸의 말문을 막아버린다.

요즘 들어 어머니가 자주 병원신세를 지는 편이다. 그럴 때마다 내가 달려가야 한다. 물론 맞벌이로 인해 시간이 없는 형제들도 있지만 꼭 그래서 뿐만은 아니다. 어머니가 만만하게 불러 당신 시중을 들게 할 사람은 내가 0순위인 듯싶다. 우리 형제들은 하나 같이 혈액형 특유의 값을 하느라 성질이 매우 급한 편이다. 그래서 당신이 하자는 대로 고분고분 일을 처리해줄 사람으론 이 셋째 딸이 제격인 것이다. 게다가 혼자 몸이라 형제들 중 가장 자유롭기도 하니 수시로 불러도 부담이 덜 되는 자식이 바로 나. 하지만 내가 거기에 대해 "거 봐요, 어머니! …그렇지 않아요?"라고 생색 좀 낼라치면 어림도 없는 소리하지도 말라며 변명할 틈새를 주지 않는다. 아니, 나 또한 그렇다. 연로하여 병치레나 하는 어머니 앞에서 어디 생색 낼 처지인가. 늘 어머니의 숙제를 방해하고 있다는 죄책감과 송구스러운 마음에 그저 이젠 제발 걱정 좀 놓으시라는 뜻으로 변명 아닌 변명 좀 할라치면 그토록 역정을 내시는 것이다.

그 역정은 곧 '칠삭둥이' 같은 딸을 바라보는 어머니의 아픈 마음이다. 그런 어머니의 마음을 안다는 딸은 겨우 변명을 한다는 꼴이 자꾸만 '칠삭둥이' 같은 짓만 늘어놓아 어머니를 안심케 하기는커녕 더욱더 마음만 쓰리게 하고 있지 않는지…!

감자밭에서의 소묘 2

자주 꽃 핀 건 자주 감자
파보나마나 자주 감자

하얀 꽃 핀 건 하얀 감자
파보나마나 하얀 감자
  - 권태응 「감자 꽃」

 밭에 뭇별들이 내려와 앉은 듯 감자꽃 피었다 지고, 누렇게 주저앉은 줄기를 잡아 뽑으니 뽀얗고 탱글탱글한 감자가 줄줄이 따라 올라온다.
 엊그제 하지절기가 지나고 감자를 캔다. 올해는 더위가 일찍 찾아와 오전인데도 햇볕이 강렬하다. 호미를 들고 감자밭 이랑에 앉으니 벌써 후끈후끈 지열이 올라와 마치 온돌방 같다. 최근 기후변화가 심해 농사짓기에 있어서 예전 얌전했던 사계절 기후를 생각하고 농사일정을 잡으면 착오가 크다고 한다. 이상기온으로 봄이 실종되다시피 한 우리나라 기후. 감자를 심고 싹이 날 무렵에는 난데없이 때늦은 한파가 찾아와 감자 싹이 얼어 죽지나 않을까 농부들의 가슴을 죄게 하더니 수확할 무렵엔 때 이른 장마가 찾아왔다. 잠시 비가 주춤해진 틈을 타 서둘러 감자를 캔다. 비가 그치고 나니 평년기온을 훨씬 웃돌아 한여름 더위다. 감자 수확시기가 하지절기를 전후한 때라 여차하면 매년 장마의 시작과 맞물린다. 그래서 농부의 마음은 감자 수확시기를 앞두고 늘 긴장한다. 해마다 장마가 시작되기 전에 이웃 품앗이들은 물론이고 가족, 친지, 지인들까지 총동원되어 감자를 캔다. 오늘도 전국 각지에 사는 친지와 지인들이 귀농한 동생네로 모여 서둘러 감자를 캐고 있다.

  요즘은 감자를 일일이 호미로 캐지 않는다. 경운기 트랙터가 감자밭 골을 지나가면 사람들이 뒤따라가며 바구니에 크기별로 주워 담는다. 그렇게 상품의 상, 중, 하가 가려진다.

  그러나 기계를 돌려야 하는 밭 가장자리 시작과 맨 끝은 호미로 캔다. 호미로 캐야할 곳을 내가 맡아서 캐고 있다. 감자를 캐다보니 생각보다 깊이 들었다. 감자는 두둑 위로 북을 돋우어 심기 때문에 그 북을 허무는 정도면 웬만한 감자는 다 찾아 캘 수 있다. 올해처럼 감자가 땅속 깊이 들어갔다는 것은 성장하는 동안 가뭄으로 목마름이 심했다는 증거다. 식물은 가물면 뿌리를 깊이 내리며 생존에 필요한 물을 찾아간다.

감자는 땅속에서 자라지만 뿌리 식물이 아닌 줄기식물이다. 감자의 줄기는 지상줄기와 땅속줄기로 이분되어 생장한다. 지상줄기(넝쿨)에선 광합성으로 땅속의 감자가 생장하는데 필요한 양분을 공급하고, 땅속줄기도 필요한 양분을 공급받아 감자를 키워낸다. 그래서 날이 가물면 수분을 좇아 땅속줄기가 깊이 내려가는 것이다. 감자를 캐다보니 안타깝게도 많이 썩어 있다. 하지절기 직전 이른 장맛비가 내린데다가 갑작스런 고온으로 인해 그렇단다. 그런데 같은 포기에서 나온 감자라도 어느 것은 보송보송 말끔하고, 어느 것은 썩었다. 비교적 씨알 굵은 감자들이 썩거나 표면에 부스럼 같은 반점을 지니고 있다. 같은 환경에서 자란 감자라도 욕심 많은 것이 있다. 욕심을 부리고 북 밑으로 깊이 들어가 수분을 많이 섭취한 것들이 대부분 짓무른 것이다. 북에서 자란 감자는 적당히 굵고 보송보송하다. 그런데 사람으로 말하면 식탐을 해서 북 밑으로 깊이 들어가 자란 감자는 씨알은 굵으나 많이 상했다. 그리고 너무 깊이 묻혀있어 캐기도 힘들다. 고랑보다도 더 깊이 들어갔기 때문에 물이 잘 빠지지 않아 썩은 것이다. 욕심 많고 식탐하는 것이 사람뿐만이 아니라는 것을 감자를 캐며 알게 된다. 식물의 세계에도 욕심이 존재한다는 것을 발견하며 나를 반추해 본다.

과연 나는 살면서 지나친 욕심을 부리지는 않는가. 식탐을 하지는 않는가. 과욕으로 인해 마음에 부스럼 같은 상처는 없는가. 그래서 썩은 감자가 풍기는 그런 고약한 냄새를 풍기지는 않는가.

비 개인 6월 하순의 태양. 작열하는 햇볕에 호미를 들고 일어서니 현기증에 마치 회전목마를 탄 듯 감자밭이 빙글빙글 돌며 커다란 원을 그린다.

천원이

 여름 한낮 고양이 한 마리가 문턱을 베고는 팔자가 늘어지게 낮잠을 자고 있다. 별로 볼품도 없는 고양이가 뭐가 그리도 예쁜지, 아저씨는 데그럭 데그럭 신음소리를 내며 돌아가는 낡은 선풍기바람을 고양이에게 돌려 대주곤 자신은 목덜미로 흘러내리는 땀을 닦고 있다.
 이 고양이는 이틀에 한 번씩 우리 아파트를 찾아온다. 격일로 근무하는 박○남 경비아저씨의 근무일을 기가 막히게 잘 알고 온다. 아파트가 산 옆에 위치해 있어 주변에 길고양이들이 많다. 한쪽 귀가 찢긴 이놈도 길고양이다. 길고양이들은 아주 예민하게 사람을 경계한다. 그런데 경비아저씨와 친해진 이놈은 박 경비아저씨의 근무 날이면 허리를 길게 펴고 느릿느릿, 그러나 당당하게 아파트로 들어서서는 마치 사람이 노크하듯이 앞

발로 경비실 문을 톡톡 두드린다.

나는 원래 고양이를 좋아하지 않았었다. 그런데 언제부턴가 이놈이 산에서 내려오는 날엔 궁금증이 나서 한 번씩 경비실로 내려가 고양이를 본다. 경비실을 제집인 양 문턱을 베개처럼 베고는 배를 쭉 깔고 누운 모습이 마치 제가 상전인 것처럼 여유만만이다. 내가 고양이를 보러 내려가면 아저씨는 고양이 자랑이 여간 아니다. 고양이가 영리해서 사람이 묻는 말에 대답도 잘한다는 둥 말이다. 아저씨가 "나비, 왔냐?"라고 하면 "야~아옹" "밥 줄까?" 하면 짧게 "야옹" 하고 대답한단다. 이 길고양이는 왼쪽 귀가 반 토막이다. 저보다 큰 고양이에게 물렸는지 아니면 무슨 사고를 당했는지, 어느 날 담장 밑에서 피를 질질 흘리고 있기에 아저씨가 다가가 쳐다보니 다른 때 같았으면 쏜살같이 도망갔을 녀석이 눈만 깜빡이고 자리를 뜨지 않더란다. 그래서 먹을 것을 주기 시작했고, 지금은 아예 월급 타면 사료를 한 봉지 사놓는단다. 그런데 입주민 중에는 길고양이를 혐오하는 사람들이 있어 적지 아니 눈치가 보인다고 한다. 아저씨는 "참 희한해요. 저놈이 제 싫어하는 사람이 오면 먼저 알고 잽싸게 자리를 피해요. 애교를 떨며 뒹굴고 놀다가 갑자기 쏜살같이 달아나면 누가 오는지 알 수 있다니까요."라며 짐승이라도 그렇게 제 살 궁리는 잘 한다고 칭찬이 늘어진다. 둘의 대화를 다 들으면서도 시치미를 떼고 열심히 글루밍만 하고 있던 녀석이 아저씨가 일어나 움직이자 벌떡 일어나 호위하듯 아저씨 발치에 서서 폼을 잡고 걷는다.

30여 년 전 고향집에 '천원이'라고 부르던 못생긴 고양이가 있었다. 어머니는 그 못생긴 고양이를 무척 예뻐하셨다. 우리가 "엄마는 기왕에 키우려면 좀 예쁜 고양이를 키우시지 하필이면 이렇게 못생긴 고양이를 키우세요?"라고 하면 "그런 소리하지 마라! 우리 천원이가 효자노릇을 얼마나 잘 하는 줄 아냐? 그래도 이 에미가 어디 나갔다 들어오면 저 놈 밖에 반기는 놈이 없다."라고 하시며 고양이를 안아 쓰다듬곤 하셨다. 80년대 초 우리 6남매가 모두 서울로 올라오고 커다란 시골집에서 어머니 혼자 지내셨던 몇 년의 시간이 있었다. 어머니는 그때 무척 외로우셨던 것 같다. 천원이는 그때 어머니가 단돈 천원을 주고 5일장에서 사왔다. 고양이를 너무 싼 값에 샀기에 우스개로 "천원아, 천원아" 부르다가 고양이 몸값이 이름이 되어버린 것이다.

어느 장날 파장 무렵이었단다. 한 할머니가 새끼 고양이를 가지고 나와 팔다가 다 팔고 제일 작고 못생긴 녀석 한 마리만 남았던 것이다. 어머니가 그 옆을 지나다 라면상자 안에서 앵~ 앵~ 우는 새끼 고양이를 애처롭게 바라보자 할머니는 임자 만났다는 듯이 어머니를 붙잡고는 날도 저무는데 빨리 집으로 돌아 가야한다며 천원만 주고 고양이를 가져가라고 통사정을 하더란다. 어머니는 할머니의 청을 뿌리치지 못해 고양이를 사왔는데 이놈이 와서 병치레를 어찌나 해댔는지 약값이 제 몸값보다 더 들었다고 한다.

그렇게 천원이는 구사일생으로 살아났고, 녀석은 어머니를 제 은인이라고 여겼던지 눈만 뜨면 졸졸 따라다니고 늘 옆에 붙어서 갖은 애교를 떨어 외로운 어머니를 웃게 했다. 어머니가 어딜 외출했다 돌아오시며 대문에서 "천원아~" 하고 부르면 녀석은 잠을 자다가도 번개같이 마당을 가로질러 뛰어나가 어머니 발치에 바짝 붙어서 꼬리를 비비며 넓은 마당을 호위하듯 걸어 어머니를 안채까지 안내하곤 했다. 반려동물을 잘 키우면 이렇듯 외로움을 달래는데 한몫을 한다. 그래서 인정 없고 배은망덕한 사람을 일컬어 '짐승만도 못하다'라는 말이 생겨났는지 모른다.

근래 길고양의 개체수 증가문제로 길고양이를 보호하자는 동물애호가들과 그 반대 사람들의 여론이 분분하다. 내 생각엔 고양이의 상위 포식동물의 개체수가 많지 않으니 집에서 기르던 고양이를 더 이상만 버리지 않는다면, 나머지는 있는 그대로 자생토록 내버려둬도 될 것 같다. 그런데 동물애호가들의 입장에선 그렇지 않은가 보다. 최근 길고양이에게 먹이를 주는 '캣맘'들이 고양이에게 먹이를 주다 수모를 겪기도 한다는 소식이 종종 들린다. 자신과 견해가 다르다고 그 행위를 방해하고 비난할 것까지는 없을 것 같은데 말이다.

요즘 나비가 눈에 잘 띄지 않는다. 얼마 전까지만 해도 내가 나가면 쫓아와 꼬리를 살살 치대곤 했는데 이제 사람을 보면 잽싸게 몸을 피한다. 최근 누군가 고양이에게 해코지를 하지 않았나 싶어 저 만치 뒤를 돌아보면서 달아나는 고양이의 모습이 매우 안쓰럽다.

참외

 청소를 하다말고 부서질 것처럼 청소기를 내던지며 배를 움켜쥔다. 어젯밤에 먹은 참외가 또 여지없이 탈이 난 것이다.
 내 체질에 참외가 잘 맞지 않는다는 걸 잘 알고 있지만 아삭아삭 달콤한 참외의 식감, 그 유혹을 이겨내지 못해 그만 탈이 난 것이다. 참외는 찬 성질의 과일이다. 그래서 대체로 몸이 찬 소음인 체질인 내게 잘 맞지 않는 것도 탈이 난 이유이겠다. 하지만 그보다 마음과는 다르게 몸이 참외에 대해 민감하게 거부반응을 일으키는 또 다른 이유는 어쩌면 트라우마(trauma)와도 같은 어릴 적 기억 때문이 아닐까 생각된다.
 초등학교 3학년 늦여름이었던가. 군내의 초등학교 글짓기대회에 모교 학년대표로 참가하고 혼자서 늦은 하교를 할 때였다. 마을로 가는 수리미재 오르막을 막 오르며 원두막을 몇 걸음

지나쳐갔는데 원두막을 지키던 할머니가 "애, 꼬마야, 이리 오렴!" 하고 불렀다. 가던 발길을 되돌려 원두막으로 가니 할머니가 "아나, 옛다!" 하며 원두막 아래로 참외 한 조각을 건네주는 것이었다. 나는 조금의 망설임도 없이 까치발을 들어 원두막에서 아래로 건네주는 참외를 받았다. 그때 "할머니, 괜찮아요."라고 거절하며 받지 말았어야 했다. 하지만 난 고맙다고 고개를 끄떡하고는 덥석 참외를 받아 생각할 겨를도 없이 먹었다. 할머니가 잡수시던 참외를 잘라 주셨는데 꼭지 부분이라 그런지 하필이면 엄마 몰래 얻어먹은 참외 한 입이 매우 썼다. 그런데도 난 뱉지 않고 그냥 꾸~욱 삼켰다. 마치 뭘 훔쳐 먹다 들켰을 때 빨리 삼켜서 감춰버리려는 것처럼 말이다. 참외를 삼키면서 왠지 모르게 눈물이 핑 돌았다. 쓴 참외 맛이 오래 입안을 맴돌았다. 그리고 집으로 가는 내내 가슴이 답답했다. 지금 생각해 보면 참외의 쓴맛도 그랬겠지만 어머니의 말씀을 어긴 죄책감이 가슴을 더 짓눌렀던 것 같다.

아버지가 오랜 병치레를 하다 돌아가시면서 우리 집은 가세가 많이 기울었다. 그런데 어린 육 남매를 홀로 키우는 젊은 미망인의 자존심은 그럴수록 더 강해졌던 것일까. 어머니는 우리들의 모든 행동이 늘 기죽지 않고 단정하길 바라셨다. 예전 시골에서는 어느 집에서든 잔치를 하면 잔치가 끝날 때까지 마을 사람들이 다 잔칫집에서 끼니를 해결했다. 하지만 우리 집은 예외였다. 어머니는 우리를 잔칫집 근처에 얼씬도 못하게 하셨다. 특히 끼니때엔 더더욱 그랬다. 어머니는 솜씨가 좋아서 으레 잔칫집의 과방 일을 맡아 보셨는데, 바쁜 중에도 끼니때가 되기 전 얼른 집으로 달려오셔서 우리들 밥을 챙겨주고 가실만큼 철저하게 통제를 했다. 그뿐이 아니다. 과일 철이 되면 넉넉지 않은 형편에도 불구하고 한번은 꼭 제철 과일을 사주셨다. 그것도 조금이 아닌 한 광주리를 사다 아이들에게 안겨주시면서 "실컷 먹고 남들 먹을 때 옆에서 기웃거리지 말거라."라고 일렀다. 그리고 덧붙여 이르는 말씀이 혹시 누가 뭘 주더라도 덥석 받지 말고 사양해야한다고 하셨다. 하지만 어찌 어린 마음에 한번 실컷 먹었다고 다음에 남들 먹는 걸 보며 군침을 넘기지 않겠는가.

늦은 오후시간 출출하기도 했던 나는 할머니 원두막을 지나며 할머니가 참외를 먹는 모습을 보고는 모름지기 자신도 모르게 침을 꿀꺽 삼켰으리라. 할머니가 그 모습을 보고 저만큼이나 지나쳐 간 나를 불러 참외 한 조각을 건네주시지 않았을까. 단 한 번의 사양도 없이 참외를 덥석 받아먹는 그 광경을 어머니가 지켜보셨더라면 나는 분명 꾸지람을 들었을 것이다. 왜냐하면 그 바로 며칠 전 칠월칠석날 어머니는 참외를 한 광주리나 사다 우리 남매들에게 실컷 먹으라며 안겨주셨기 때문이다.

어머니 몰래 할머니에게 참외를 얻어먹은 그날 밤 나는 배탈이 났다. 토하고 밤새 뒷간을 드나들었다. "평소보다 저녁도 션찮게 먹더구먼. 이게 웬일이냐?"라며 걱정하는 어머니께 낮에 있었던 일을 말씀드리지 못했다. 아니 어머니께서 여든둘, 돌아가실 그때까지 그날 일에 대해서 함구했다. 수십 년이 지난 오늘에서야 새삼스레 그때 일을 고백한다. 왜냐하면 이제는 어머니도 하늘에서 그냥 환하게, 호탕하게 웃어주실 테니까.

　그날 이후로 난 참외만 먹으면 잘 먹어야 본전이고, 열 번 중 여덟 번은 좋지 않다. 그야말로 참외가 내 체질에 맞지 않아서인지, 아니면 그때의 좋지 않은 기억 때문인지는 모르겠다. 그래도 워낙 과일을 좋아하는 터라 아직도 참외의 그 아삭아삭 달콤한 식감의 유혹을 이기지 못해 곤혹을 치르고 있다.

묵은지 맛

며칠 째 미열이 있어 해열제를 먹어도 그때뿐 열이 좀처럼 열이 내리질 않는다. 열에 시달려 입안이 죄 헐고 입맛도 뚝 떨어졌다.

무엇을 먹을까 곰곰이 생각해봐도 구미를 당기는 음식이 얼른 떠오르질 않는다. 생각다 못해 얼큰한 콩나물국을 끓이고 묵은지를 꺼내 헹구어서 밥 위에 올려 먹어본다. 깔깔했던 입맛이 좀 촉촉해지면서 이내 오래전에 돌아가신 아버지 생각이 뭉클하게 올라와 목젖을 누른다.

우리 형제들은 여섯 명이 모두 채 한 달도 어긋나지 않고 꼭꼭 삼년 터울이다. 어머니는 여섯 남매 모두 첫돌이 지나면 어김없이 젖을 떼었다고 한다. 젖을 떼고도 지금처럼 이유식이 변변치 않았던 시절. 그러나 어머니는 막내 외에는 젖 뗀 아기에게 밥을 떠먹여본 기억이 거의 없다고 한다. 젖을 떼면 아기가 안쓰러워 아버지가 안아서 무릎에 앉히고 밥을 먹이셨단다. 숟가락질하는 것도 아버지가 일일이 바로 손에 쥐어주며 가르치셨다.

나는 아버지에 대한 기억이 많지는 않다. 내가 초등학교도 들어가기 전에 돌아가셨기 때문이다. 그런데 언제나 밥맛을 잃으면 아버지께서 밥숟가락에 반찬을 올려주시던 생각이 난다. 아버지는 당신의 국에 김치를 헹구어 가닥가닥 찢어서 어서 밥을 뜨라고 하시곤 밥숟가락에 올려주시거나 밥그릇 언저리에 찢은 김치를 나란히 놓아주셨다. 그리곤 오목오목 먹는 모습을 흐뭇하게 지켜보시며 이것도 먹어봐라. 저것도 먹어봐라 하셨다. 어느 때는 "눈감고 아~ 해봐라. 애비가 고기를 줄 테니!"라고 하시곤 눈을 감으면 청국장의 콩알이나 된장의 으깨지지 않은 콩을 넣어주시며 "꼭꼭 씹어 어서 삼켜라. 튼튼해질 거다."라고 하셨다. 육류로는 단백질 섭취가 턱없이 부족했던 시절이다. 아버지는 어린것들에게 콩 단백질이라도 섭취토록 하셨는데, 콩을 싫어하는 아이들이 받아먹지 않을까봐 한 명씩 돌아가며 눈을 감으라고 해 경쟁심을 유발시켜 서로 아~ 아~ 제비처럼 입을 벌려 받아먹도록 유도하셨다.

아버지는 말씀이 별로 없고 투박하셨지만 참 따뜻하셨다. 난 어릴 적에 여름이면 집 앞의 개울에서 하루에도 몇 차례씩 멱을 감곤 했다. 그리곤 멱을 감을 때마다 어머니가 아닌 아버지에게 등을 돌려대며 뒤트임 원피스의 단추를 열어라, 닫아라, 성가시게 했다.

그런데 어느 날이었다. 예닐곱 살 때의 일이라 무슨 이유였는지는 잘 기억이 나질 않는데 꼬맹이가 아버지에게 단단히 토라졌다. 꼬맹이는 쌩하고 집을 나갔다. 제가 집을 나가봤자 채담 밑도 벗어나지도 못하면서. 그리곤 저녁때가 되었다. 시골에선 여름이면 마당에 멍석을 깔고 저녁밥을 먹곤 한다. '밥을 먹을 땐 아버지가 나를 부르겠지.' 생각하며 아버지의 눈에 띄도록 사립문 밖을 왔다 갔다 했다. 그러나 아버지는 짐짓 모른 척 나를 부르지 않으셨다. 아마 식구들에게도 눈치를 줘서 아무도 나를 부르지 못하게 하셨던 것 같다.

꼬맹이는 애가 타기 시작했다. 배도 고프고 날은 어두워지는데 사립문에 매달려 발을 구르고 잔기침을 하며 아무리 기척을 보내도 아버지는 모른 척만 한다. 결국 꼬맹이는 "으앙~!" 하고 울음을 터뜨리고 말았다. 아버지는 그제야 나오셔서 "화가 난다고 해서 함부로 집을 나가지 마라!"라고 타이르시곤 나를 안고 집으로 들어가셨다. 그 후로 나는 잘 토라지지 않고, 내가 먼저 다가가 화해를 청할 자신이 없으면 함부로 화를 내지 않는다. 더구나 집을 나가는 일은 단 한 번도 없었다.

아버지는 어머니 대신 아이들 밥을 먹이고 잔심부름까지 다

하셨지만 아이들의 버릇을 고치고 길들이는 일에는 아주 매서울 정도로 냉정하셨다. 이처럼 아버지에 대한 기억은 묵은지 맛과 같아서 깊은 정과 그 칼칼한 교훈이 지금도 내 삶에 큰 가르침이 되고 있다.

솔비 내리다

 상강아침 앉은뱅이걸음으로 방바닥을 다니며 머리칼을 주워 모은다. 머리카락을 줍다가 듬성한 두피를 자근자근 눌러본다. 빠져나가는 머리칼을 붙잡아 앉히기라도 하려는 듯 말이다.
 뒷산 솔숲이 황금모포처럼 노오란 솔비를 내려덮고 있다. 가을이 오면 다른 어떤 나무보다도 앞서 단풍드는 것이 소나무라는 사실을 눈치 채는 사람은 많지 않을 것이다. 여름 지나고 날씨가 서늘해지면 소나무는 바로 수분 섭취를 줄여 오래 묵은 잎부터 황금색으로 물들고, 서둘러 잎을 떨쳐 자신의 무게를 던다. 추운 겨울을 나기 위해서다. 활엽수들이 화려한 빛깔로 요란한 몸치장을 한 뒤 잎을 떨치는 것과는 다르다. 소나무는 보이지 않게 물들고 소리 없이 잎을 떨어뜨린다.
 소나무는 서리가 내릴 즈음엔 이미 황갈색 솔비가루로 발등을 덮고 겨울 맞을 준비를 단단히 한다. 내려앉은 솔비가루를 마치 방한담요처럼 덮고 겨우살이에 아무 근심 없다는 듯 의연하게 서 있다. 소나무는 그렇게 일찌감치 욕심을 버리고 겨울을 준비하기에 혹한에도 푸름을 잃지 않는 것이다.

간밤 무서리가 내렸다. 단풍나무에도 은행나무에도 그리고 아직 초록을 유지하던 무성한 호박덩굴에도 서리가 내렸다. 저 서리가 녹으면 이미 단풍 든 잎들은 하루가 다르게 퇴색된 빛깔로 말라갈 것이고, 멈춰야할 때를 모르고 욕심껏 물을 마시고 무성하던 푸른 잎들은 단풍 들 사이도 없이 하루아침에 검게 주저앉고 말 것이다.

서리가 내린 아침 나는 내게서 빠져나간 머리칼을 주워 모으며 자꾸 정수리를 더듬는다. 이미 빠져나간 머리칼인데 무엇이 그리 아까운지 쉬 놓아주질 못하는 아쉬운 마음이다. 욕심을 부리다 때를 놓치고 단풍도 들기 전에 검게 변해버리는 무성한 잎들을 보면서는 한심하다는 듯 껄껄 혀를 차면서도 정작 자신의 욕심은 내려놓지 못하고 있다. 아무리 아깝다한들 다시 주워 붙일 수도 없는 머리칼을 모아 쥐고 쉬 놓질 못한다.

머리에 희끗희끗 서리를 인 나이가 되었는데도 이처럼 머리카락 하나의 무게도 덜지 못한다. 기다리다 못해 제가 알아서 살신성인으로 뿌리를 뽑아 떠나는 머리카락. 그조차도 쉬 놓지 못하는 나는 언제쯤이면 너그럽고 편안하게 욕심을 내려놓을 수 있을까. 상강아침 옷깃을 여미며 참으로 욕심 많고 어리석은 자신의 내면을 들여다보며 쓴웃음을 짓는다.

비새는 집, 물새는 집

 비새는 집에서 살다가 어렵사리 이사를 하고 보니 하필이면 이번엔 또 물새는 집이다.
 세상의 그 많은 인연 중에 왜 하필 비새고 물새는 것과의 인연이 그렇게도 깊은 것일까. 그러나 이 인연의 굴레는 내가 원치 않으면 굳이 연이라 하지 않아도 뭐랄 사람은 아무도 없다. 한데 나는 달갑지도 않은 이 일을 굳이 '이도 인연이다'라고 스스로 굴레를 쓴다. 그것은 어떤 결과로든 자신이 처한 상황을 비관하지 않고 될 수 있으면 긍정적인 해결 방법을 찾으려는 내 나름의 한 방편인지도 모르겠다.
 비새고 물새는 것과의 인연은 나의 섣부름으로 인해 이미 엎질러진 물이다. 그러니 엎질러진 물을 주워 담느니보다는 다른 대처 방안을 찾아야 하는 편이 훨씬 낫다.

비새는 집에서 두 해를 살았다. 처음에 새는 사실을 모르고 이사를 했을 때엔 이를 숨긴 사람들이 야속하고 원망스러웠다. 하지만 돌이켜 보면 굳이 남의 탓만도 아니다. 사전에 꼼꼼히 살피지 않은 내 탓이다. 양재동 202번지, 비새는 집으로 이사를 하게 된 동기는 이랬다. 퇴근해서 저녁 무렵에 보러간 집은 도심에서 흔치않은, 제법 울창한 숲을 두른 단독주택 2층이었다. 골목엔 연한 오렌지 빛 외등이 있어 한지를 바른 문창살 가득 나뭇잎 그림자가 너울거렸다. 고즈넉한 저녁, 창문을 통해 근사한 음악이라도 흘려보내면 누군가 한아름의 꽃이라도 들고 와 '세레나데'라도 불러줄 것 같은 집. 그야말로 어이없는 착각에 빠져 더 이상 살펴볼 것도 없이 계약을 해버렸다.

그런데 이사를 하고 보름쯤 지나서였을까. 심한 봄 가뭄 끝에 단비가 내렸다. 그러나 아무리 반가운 단비이긴 하지만 적시지 않아도 될 부엌바닥까지 흠뻑 적셔주는 것이 아닌가. 멀쩡한 지붕이 샐 줄이야 어찌 한 치의 의심이나 했을까. 그날부터 우리 집은 비만 오면 흥부네 집을 연상케 하는 진풍경이 그려졌다. 여기저기 물받이 그릇을 받쳐놓아야 했던 것이다.

그런데 사람은 주어진 환경에 적응하고 살게 마련인가?! 그게 아니라면 오기 혹은 객기?! 그것은 아니다. 어설프나마 글을 쓴다는 것이 그만큼 마음의 여유를 갖게 하기 때문인 것이다. 글을 쓰는 일, 차곡차곡 지면을 채워가다 보면 때로는 울분을 거르는 거름종이처럼 마음의 양식이 돼 준다. 인스턴트커피나 일회용 차보다 다구를 갖추어 차를 달여 마시거나 원두를 갈아 커피를 내려 마시는 일은 다소 시간이 걸린다. 하지만 녹차를 달이고 필터를 통해 천천히 커피를 여과시키는 기다림의 시간이 기분을 차분하게 해준다. 이런 일련의 행위에서 정서의 안정을 찾을 수 있는 것이다.

 지면에 글을 쓰는 일련의 과정에서도 차를 달이고 커피를 거르는 것과 마찬가지로 여과의 효과를 경험한다. 좀 언짢은 일일지라도 그것을 소재로 글을 쓰다보면 내 안에만 갇혔던 편협한 사고가 남을 이해하려는 쪽으로 바뀌어간다. 또한 그것이 환경에서 비롯되었을 때는 그 환경을 극복하는 수단이 되기도 하는 것이다.

 그래서 어이없게도 비가 새는데도 짜증을 내거나 분노하지 않는다. 오히려 받쳐 놓은 물받이 그릇에 떨어지는 다양한 빗방울 소리를 감상하며 우리네의 다양한 삶을 돌아보는 계기가 된다. 두 해 전 비새는 집에 살 때에 분노 대신 「비새는 소리」라는 제목의 글을 써서 기대 이상으로 마음의 위로를 얻을 수 있었다. 하지만 그렇다고 해서 비가 내릴 때마다 매번 삶을 관조하는 달인은 물론 못된다. 그러나 집주인에게 화를 내거나 호들갑을 떨지는 않고 비교적 차분하게 보수를 해 줄 것을 요청할 수 있었다. 그런 반면 주인은 오히려 허리를 굽히며 호들갑스럽게 변명을 해댔다. "정말 미안합니다. 아무렴 고쳐드리고 말고요."라고. 시원스럽게 대답을 해서 곧 고쳐 주리라 믿고 있었다. 그러나 대답만큼 그에 따른 행동도 시원한 것은 결코 아니었다. 꼬박 두 해 동안이나 늦장을 부려 결국 내가 이사를 나오는 쪽을 택했다.

이번에는 비새는 집은 기필코 면해보려고 나름대로 각오를 했다. 침체된 부동산 경기가 막바지 진통을 겪던 와중이라 수월치 않은 이사였다. 하지만 이사를 하고 보니 이번엔 '물새는 집'이다. 위층의 욕실에서 새는지 우리 집 욕실 외벽, 새로 도배한 벽지가 축축하게 젖어 있다. 비새는 집 대신에 물새는 집이란 말인가. 참으로 어이가 없다. 아마도 이 어설픈 사람이 이번엔 지붕에만 집중적으로 신경을 썼던 게다. 그러니 새는 것에 대해서 누구를 탓할 처지도 못 된다. 누가 말 해주기 전에 내가 꼼꼼히 살피지 못한 탓이다. 하기야 지금껏 이렇게 살고 있는 것을 보면 내 삶에 있어서 어설픈 일들이 어디 이런 일 뿐이었을까 만은.

새로 이사한 물새는 집, 처음엔 어이가 없어 말조차 하지 않다가 어느 날 주인을 불러 보여주며 "장마철이 되기 전까지만 고쳐주세요."라고 이르고 나니 바로 두 해 전에도 이와 똑같은 요구를 했던 기억이 난다. 그러니 이사를 할 때마다 이것이 어디 보통 인연인가.

요즘은 무엇이든 '빨리빨리' 혹은 '지금 당장에'와 같은 강한 어감과 정신없이 보채고 서두는 행동만이 통하는 세상이다. 그러니 나처럼 강약이 따로 없는 요구는 '마냥 늦장을 부려도 된다.'는 맹한 요구로 받아들여질는지도 모른다. 때문에 전에 살았던 비새는 집 주인도 두 해가 넘도록 늦장을 부렸는지도…. 헤아려보니 새로 이사 온 이 집에서도 보수를 요청한 지 벌써 두 달이 지나고 있다. 하지만 아직도 고쳐줄 기미를 보이지 않는다. 그러나 성격 탓인지 아니면 마음속에서 또 반쯤 체념을 했는지? 그 일에 그다지 연연하고 싶지도 않다.

이제는 늦장 조치에 만성이 되었나 보다. 아니면 본의 아니게 물새고 비가 새는 불편 정도는 잘 참는 달인이 되어 가는 것인지….

감나무

 올봄에 이사 온 집 창가에는 볼품없이 키만 껑충 웃자란 감나무가 있다. 콘크리트 담 사이에서 가지를 뻗지 못하고 이층까지 올라와서야 겨우 가지를 뻗은, 옆집에서 넘어 온 나무다.
 내가 이사를 하자 옆집 아주머니는 감나무가 유리창을 가려서 미안하다고 했다. 하지만 나는 조금도 불편함이 없다. 콘크리트 벽면의 삭막함 대신 초록의 아늑함이 있으니 오히려 다행스럽다. 또한 유리창에 넘실거리는 무성한 그림자를 가만히 보고 있노라면 어릴 적의 아련한 추억들이 파노라마처럼 펼쳐져 정겹다.
 초등학교 1학년 때 반장이었던 '용배'라는 아이가 도시로 전학 갈 때 기억이다. 그때 우리 집은 사방이 감나무로 둘러싸여 있었다. 저녁 때 마당을 깨끗이 쓸어 놓으면 다음 날 새벽, 이

슬이 촉촉한 마당엔 밤새 감꽃이 떨어져 마치 별이 내려와 앉은 듯 마당을 가득 채웠다. 그날 아침 나는 그 아이를 생각하며 상기된 마음으로 예쁜 꽃만 골라 꿰어서 커다란 감꽃목걸이를 만들었다. 그리고 어머니가 보실세라 얼른 책보에 싸두었다. 용배가 떠나기 전에 그것을 전해주려고 다른 날보다 일찍 학교에 갔다. 하지만 그 아이는 이미 떠나고 없었다. "아이고 어쩌나 용배는 아빠와 함께 버스시간을 맞춰야한다고 조금 전에 서둘러 갔는데…" 하시며 선생님은 내 어깨를 다독여 주셨다. 나는 금세 앞이 뿌옇게 흐려졌다. 용배의 모습과 감꽃목걸이가 뒤엉켜 서너 줄씩 겹쳐 보였다. 그렇게 전해주지 못한 감꽃목걸이는 두고두고 아쉬움으로 남았고, 방학하면 놀러오겠다던 그 아이는 한 번도 오지 않았다.

벌써 오래전의 얘기다. 그는 지금쯤 그가 전학 갈 때만큼이나 자란 아이의 아빠가 되어 있을 것이다. 나의 첫사랑(?)은 일찍이 그렇게 미완성으로 끝났다.

또한 고향집 뒤뜰 지붕을 덮고도 남을 만큼 큰 감나무에는 가장 슬픈 추억이 깃들어 있다. 도시의 병원 이곳저곳을 옮겨다니다 결국 희망을 접고 돌아오신 위암말기의 내 아버지! 아버지의 간병을 하다가 절기를 놓친 농사일에 쫓겨서 어머니는 정신없이 논밭으로 쫓아다니고, 아버지는 집에서 어린것들을 데리고 투병을 하셔야 했다. 의사들도 포기한 아버지의 병엔 별다른 처방이 없었다. 아버지는 통증이 심해지면 뒤뜰 감나무 아래로 가서 배를 움켜쥐고 고통을 삭히느라 삼베등거리(적삼)가 땀으로 흠뻑 젖곤 했다. 진통제도 흔치 않았던 때라 아버지는 나름대로 고통을 덜기 위해 땡감을 먹어보기도 했던 것 같았다. 그런데 철없던 나는 안 되는 줄 알면서도 땡감을 먹어보겠다고 괜한 떼를 썼다. 아버지는 그런 딸에게서 말없이 땡감을 빼앗고는 야단도 못치고 물끄러미 바라만 보셨다. 철없는 자식을 두고 떠나야 하는 젊은 아비의 심정이 어떠했을까. 지금 생각해 보면 아무리 어리지만 '내가 왜 그랬을까' 마음이 아리다.

아버지가 돌아가신 후로 나는 한동안 뒤꼍에 가지 않았다. 아버지가 돌아가신 것이 마치 땡감 탓인 양 감나무가 원망스러웠던 것이다. 그러나 불현듯 아버지가 그리운 날엔 아무도 몰래 뒤꼍으로 가서 감나무를 껴안고 아버지를 부르며 실컷 울었다. 그때마다 감나무는 변함없이 슬픈 나의 위로가 되어주었다.

감나무에는 아쉽고 슬픈 추억만 있었던 것은 아니다. 초여름 노오란 감꽃과 가을에 탐스럽게 익어 가는 홍시! 감나무는 시골아이들의 꿈나무이기도 했다. 아이들은 서로 자기 감나무를 정해 놓고 열매가 많이 맺히길 저희들끼리 경쟁을 하며 응원하기도 했다.

초여름 감꽃이 떨어지면 감꽃을 주워 꿰며 감꽃목걸이가 커지는 만큼 아이들의 꿈도 동그랗게 커간다. 여름엔 넉넉한 그늘로 아이들의 놀이터가 되어 주고, 설렁설렁 바람이 불면 가을의 투명한 햇살에 터질 듯이 살 오른 빨간 홍시는 간식이 귀한 시골아이들을 포동포동 살찌우는 최고의 영양 간식이다. 붉어 가는 감나무를 대견스럽게 올려다보며 한가위 달이 차오르기를 기다리는 마음은 또 얼마나 즐거운 일이었던가. 추석빔으로 새 옷 한 벌 얻어 입는 것도 다 감나무 덕이었다. 뿐만이 아니다. 교장선생님의 육성회비(그 당시) 독촉에 주눅이 들었던 담임선생님의 괴로움도 가을엔 덜어진다. 감을 수확하면 밀린 육성회비도 해결되니 이때만큼은 아이들도 선생님도 어깨에 힘이 들어간다.

　어렸을 때 말수가 적고 내성적이었던 나는 누구보다 감나무와 친했다. 기분이 좋으면 감나무로 달려가 감나무를 안고 돌며 좋아했고 속상하고 슬퍼도 감나무 아래로 가서 울었다. 또 화가 날 때면 발로 툭툭 차며 괜한 화풀이를 감나무에게 했다. 감나무는 기쁜 일 슬픈 일을 함께했고, 묵묵히 넋두리를 다 받아주었다.

　감나무는 결코 화려하지도 않고 서둘러 꽃을 피우려하지도 않는다. 화려한 봄꽃들이 한껏 자태를 뽐내고 퇴장할 무렵 무성해진 잎사귀에 가려져 잘 드러나지 않게 꽃을 피운다. 오히려 꽃이 필 때보다 꽃이 떨어진 것을 보고서야 감꽃이 피었다는 걸 알 수 있다. 이렇듯 감나무는 과묵하고 소박하다. 질박한 시골아이들의 정서는 감나무와 닮았다. 내게 감나무에 대한 추억이 없었다면 어두컴컴하게 유리창을 가리는 옆집에서 넘어 온 감나무를 방해물로만 취급했을 테고 옆집에 고운 눈길을 주지 못했을 것이다. 어릴 적에 감나무와 동무하며 자랐던 나만의 정서며 추억이 있기에 더 소중하다.

그러나 지금은 어떠한가. 내가 외롭고 슬프면 달려가 넋두리했던 감나무는 지금 늙어 고목이 되어서도 주인도 없는 빈집을 지키고 있다. 여전히 풍성한 열매를 맺고 거두어 줄 주인을 기다리고 있다. 하지만 주인은 형편이 좀 나아졌다는 이유인지 바쁘다는 통념에 젖은 핑계인지 감나무의 공을 까맣게 잊고 지내왔다. 그리고 새삼스레 도심에서 만난 감나무로 인해 고마움을 새삼 돌아보게 되었다. 그러기에 담장 사이에 끼어 볼품없는 감나무이지만 내겐 더욱 친근감을 준다.

유리에 얼비치는 푸른 감나무를 보고 있자니 고향의 감나무가 손짓해 부르는 것 같다. 올 가을엔 고향에 가서 감사하는 마음으로 감을 거두어 와야겠다. 성급하게 가을이 눈앞에 와 있는 듯 마음이 풍요롭다.

눈 다래끼

 한쪽 눈을 안대로 가린 채 계단을 내려가다 그만 올라오던 사람과 부딪혀 넘어질 뻔했다. 분명히 잘 보고 계단을 내려갔는데 올라오던 상대방이 내게 잘 좀 보고 다니라며 핀잔을 해댔다.
 기억 저편에서 예닐곱 살 계집아이가 아이들 틈에 뛰어 놀다 비명을 지르며 쓰러진다. 가마니를 꿰매던 어미가 냅다 쇠바늘을 내던지고 아이에게 달려들어 부둥켜안으며 "아가, 아가야, 아이고 이 일을 어쩌나!"라며 울부짖고, 아이는 "엄마, 귀가 깜깜해요, 귀가 깜깜해요…!"라고 소리 지른다. 아이의 귀에서 흐른 피가 어미의 무명저고리를 검붉게 적셨다.
 그 일이 있은 후 아이는 자라면서 이따금씩 쾌속정이 날쌔게 비켜가는 것처럼 차고 날카로운 것이 자기 안으로 쳐들어오는 악몽을 꾸곤 했다. 그럴 때마다 아이는 진저리를 치며 보이지 않는, 내면의 문을 굳게 닫고 쇠바늘보다 더 차갑게 어미를 돌아서곤 했다. 다른 아이가 대답을 놓치는 것과는 달리 그 아이가 어쩌다 대답을 놓치는 것에 대해서는 유달리 예민했던 어미. 그러나 그 아이는 그런 기억은 염두에 두지도 않았다. 다만 어느 겨울 어미가 제 귀를 찔렀다는 서운한 생각만 아이의 마음속 깊이, 마치 거미집처럼 들러붙어서 떨어질 줄을 몰랐다.

예전 한옥 구조는 방이 넓지 않았다. 양옥의 거실 대신 한옥에서는 대청마루가 있다. 하지만 겨울엔 난방이 되지 않아 생활 공간으론 무용지물이나 다름이 없다. 하여 날씨가 추우면 식구들이 모두 방안에만 옹기종기 모여 지낸다. 그러니 아이들이 많은 집은 겨울 내내 그야말로 좁은 방에서 북새통을 떨었다.

어느 겨울이었다. 그날도 날씨가 추워 밖에 나가 놀지 못하고 우리 어린 형제들은 방에서 뛰어 놀았다. 어머니가 다른 방에 가서 놀라며 여러 차례 타일렀지만 우리는 그럴 때마다 "예!"라고 대답만 하고 이 방에서 저 방으로 어머니가 일하고 있는 방으로 마구 뛰어 건너다니곤 했다. 그때 어머니는 가마니를 꿰매고 있었는데 술래잡기를 하던 나는 술래가 되어 언니를 따라잡으려고 뛰다가 순간 눈과 귀가 동시에 깜깜해져 그만 기절을 하고 말았다. 그랬다. 어머니가 가마니를 깁던 바늘을 잡아 뽑는 순간 내가 때맞춰 거기를 지나다 어머니가 잡아채는 바늘에 그만 귀를 다치고 만 것이다.

얼마쯤이 지났을까. 누군가 뺨을 때리는 것 같아 눈을 떠보니 아무것도 들리지 않는데 어머니가 나를 안고 무어라 외치며 울부짖는 듯 보였다. 그러다 조금 정신이 든 나는 귀가 들리지 않는다는 사실을 알고 "엄마, 귀가 깜깜해요, 귀가 깜깜해요!"라고 했던 것이다. 얼마 동안이나 그렇게 몸부림을 치며 울었을까. 먼데서 들려오는 메아리처럼 귀에서 무슨 소리가 울리는 듯 싶더니 차츰 차츰 주변소리가 귀에 들어오기 시작했다. "아가, 아가, 아이고 내 새끼! 이 못난 어미 때문에…."라며 어머니가 연신 한숨을 내쉬며 하염없이 눈물을 흘리고 있다. 알고 보니 다행히 귀는 겉에만 상처를 입었을 뿐 속까지 어찌 된 것은 아니었다. 다만 갑작스런 충격으로 인해 일시적으로 잠시 동안 귀가 들리지 않았고, 그 이후에도 청각에는 이상이 없다. 하지만 그 일이 있은 후로 나는 때때로 어머니에게 서운한 마음이 들곤 했다. 더구나 어머니가 그렇게 가슴을 치며 자책하는 것을 보고도 툭 하면 '엄마는 첫째도 막내도 아닌, 나만 미워한다.'는 생각에 괜한 억지를 써가며 어머니의 마음을 편치 않게 했다.

며칠 전부터 뭔가 눈을 꾹꾹 찌르는 것 같더니 눈두덩이 아리고 벌겋게 부풀어 올랐다. 눈 다래끼가 생겼다. 소염제를 먹었으나 소용이 없어 오늘은 병원을 찾았다. 수술을 받고는 안대로 한쪽 눈을 가리고 오는데, 나는 분명히 바로 보고 걷는데도 걷다보면 마치 술 취한 사람처럼 비뚤비뚤 한쪽으로 치우치며 걷고 있는 것이다. 겨우 한쪽 눈 가린 것쯤이 신체의 평형을 잡는데 그토록 어려운 영향이 미친다는 것을 처음으로 경험한다.

 어머니 생각이 난다. 어머니의 한쪽 눈이 보이지 않는다는 사실을 나는 어지간히 철이 든 다음에서야 알았다. 간혹 어머니의 한쪽 동공이 다른 쪽과는 달리 좀 흐리다는 생각만 했을 뿐이었다. 어머니는 말하지 않았었다. 만약 당신의 한쪽 눈이 보이지 않는다는 것을, 어린 우리가 알면 위축이라도 들까봐서 그랬을지 모른다. 어머니가 그토록 미안해하건만 그럼에도 아랑곳하지 않고 철없는 내가 쌩 토라질 때도 어머니는 '엄마의 한쪽 눈이 잘 보이지 않아서 옆으로 스쳐 지나는 너를 미처 못 봐서 그랬단다.'라고 해명조차 하지 않았다. 내 귀가 깜깜했던 그날, 어린 딸이 "엄마, 귀가 깜깜해요!"라고 울부짖을 때 어머니의 눈앞은 얼마나 더 깜깜했으랴. 또한 시력장애로 인한 당신의 실수는 얼마나 더 원망스러웠을까!

 나는 집으로 돌아와 안대를 한 채로 한참을 이리저리 걸으며 균형을 잡아보고, 사물을 놓고 보이는 각도를 측정해 보기도 했다. 가린 쪽의 반경이 현저하게 좁다. 그러니 그쪽에서 갑자기 일어나는 일에 대한 순간의 대처감각도 둔해질 수밖에 없다. 지금껏 서운한 감정을 털어 버리지 않고 어머니께 쌀쌀맞게 대해 왔던 행동들을 생각하니 어떻게 용서를 구할 길이 없다. 쌓인 죄책감에 비하면 어림도 없는 보속에 지나지 않지만 나는 속죄

하는 마음으로 불편을 감수하며 잠시 미뤄두어도 될 일들까지 일부러 찾아 한다. 한쪽 눈으로만 보며 생활한다는 것이 그렇게 불편할 줄 미처 몰랐다. 일을 하면서 어쩌다 헛손질을 하게 될 때에는 나도 모르게 콧등이 시큰해지곤 한다. 한쪽 눈의 시력을 잃은 후 그토록 불편하게 살아오면서도 한 번도 내색치 않으셨다. 더구나 남편을 일찍 여의고 어린 6남매를 혼자 키우면서도 삶의 균형조차 잃지 않고 살아오신 어머니다. 그런 어머니의 마음을 헤아리지는 못할망정 오히려 오해로 옥죄며 불편하게 해드렸다. 생각할수록 송구스럽기 그지없다.

　사십여 년 전, 어머니의 실명한 한쪽 흐린 동공에 고였던 붉고 뜨거운 물기가 오늘 내 가슴을 흘러내린다. 꽉 얹혔던 가슴을 뚫고 뜨겁게 흘러내린다.

4.
혼자 하는 동행

닮은꼴 삼대

어렸을 때 큰고모가 집에 오시면 너무 좋으면서도 한편 부끄럽기도 했다. 큰고모가 우리 집엘 오시면 저 멀리 아래뜸부터 동네 꼬마들이 우리 고모를 이상하게 바라보며 주~욱 따라왔기 때문이다.

내게 고모가 두 분 계셨다. 아버지 형제 7남매 중 맏이로 큰고모가 계셨고 끝으로 막내고모가 계시다. 막내고모는 내가 태어나기도 훨씬 전에 서울로 시집을 가서 집안에 큰 일이 있을 때나 한 번씩 뵙게 돼 뵐 적마다 낯이 설었다. 반면 큰고모는 우리 집과 그다지 멀지 않은 아랫마을에 사셨다. 큰고모는 어떤 일에 집중을 하지 않으면 쉼 없이 혼자 웃고 중얼거렸다. 고모는 노산으로 막내아들을 낳고는 심한 산후후유증으로 신경쇠약(정신분열증)을 앓으셨다. 갖은 치료와 노력으로 곧 정상생활을 하셨지만 아흔이 다 되어 돌아가실 때까지 그 후유증세가 좀 남아있었다.

큰고모는 정갈하면서 정이 많고 참 따뜻한 분이었다. 대구에 사는 막내 작은아버지를 제외한 4형제의 사촌들이 모두 근동에 살고 있었지만 고모는 넷째 집인 우리 형제들을 유난히 더 챙기셨다. 왜 아니겠는가. 쉰 살도 안 된 남동생(우리 아버지)이 육남매나 되는 어린 것들을 놔두고 세상을 떠났으니 누나인 고모의 가슴에 어린 조카들이 늘 아프게 얹혀있었던 것이다.

TV사극을 보면 궁중여인들이 당의 속에 두 손을 감추고 다니는 것을 볼 수 있는데 우리 고모는 늘 두루마기나 흰 광목앞치마 속에 손을 감추고 다니셨다. 나는 고모를 뵈면 꾸벅 고개를 숙여 인사를 하면서도 시선은 언제나 고모의 감추어진 손 쪽을 향했다. 고모의 손이 나오면 요술처럼 늘 맛있는 것이 들려있었기 때문이다. 고모가 집에 오시면 언제나 우리에게 먹을 것을 나누어주고는 부지런히 장독대와 부엌, 심지어 뒷간까지 다니며 손에서 샤샤샤샤~ 소리가 나도록 빌고, 절하고 또 빌었다. 나는 그런 고모 뒤를 졸졸 따라 다니곤 했다. 어릴 때 기억으로 고모는 "하늘님, 하늘님, 우리 어린 것들 하늘님께서 살피시어…!"라고 빌다 또 혼자서 호탕하게 웃곤 하셨다.

오늘은 탱글탱글 실한 열매를 맺고 있는, 매실나무로 우거진 숲속의 찻집에서 질녀와 마주 앉아 차를 마시고 있다. 얼마 전에 결혼한 조카가 요즘 입덧이 심한 터라, 나름 신경을 써서 맛있는 집이라고 소문난 한정식 집에서 점심을 샀는데 예전처럼 맛있게 먹질 못한다. 나는 그 아이에게 한 입이라도 더 넣어주고 싶은데 제가 오히려 고모를 더 신경 쓴다. 조카는 나를 참 많이 닮았다. 이 아이가 태어나지 않았다면 어쩌면 난 아직도 마음 한구석 어릴 적 상처를 다 내려놓지 못하고 살았을지도 모른다.

육 남매 중 나는 네 번째로 태어났다. 형제들 서열 한가운데에 낀 나는 늘 언니, 오빠에겐 순종해야 했고, 동생들에겐 양보를 해야 하는 불합리한? 위치였다. 그런데다 나를 뺀 다섯은 모두 친탁을 했는데 유독 나만 외탁을 했다. 지금도 그렇지만 처음 보는 사람은 아무도 나를 같은 형제로 보지 않을 정도로 딴판이다. 그래서 짓궂은 언니, 오빠들이 나를 고향 충청도 강경의 어느 다리 밑에서 주워온 아이라고 얼마나 놀려댔는지 모른다. 원래 말수도 적었지만 '미운 오리새끼'가 된 나는 늘 외톨이였다.

초등학교에 들어가기 전 어느 날이었다. 그날도 놀림을 받아 하루 종일 뒤꼍 감나무에 오도카니 올라앉아 먼 산을 바라보며 고민에 고민을 거듭했다. 그러다 마침내 친엄마를 찾아가기로 마음을 먹었다. 그 당시 마을 앞으로 하루에 버스가 대여섯 번 오갔는데 나는 막차가 끊어지기 전에 집을 떠나겠다고 굳은 결심을 했다. 기왕 떠나야 할 거 하루라도 미루면 못 떠날 것만 같았기 때문이었다. 뒷산 그림자가 지붕을 넘고 마당을 지나 개울을 건널 때쯤 감나무에서 내려와 침을 꾹 삼켰다. 그리곤 나를 비감하게 마음을 다잡고 어머니께 여쭈었다. "어~엄마~, 나 우리 친엄마한테 갈래. 막차 나갈 때 보내줘~!"라고 울먹이며 겨우 말을 마치곤 그만 설움이 북받쳐 "으아앙~!" 집이 떠나가도록 대성통곡을 했다. 영문을 모르는 어머니는 그런 나를 껴안고 그게 무슨 소리냐며 언니, 오빠를 불러 "왜 동생을 놀리느냐?"고 심하게 꾸짖으셨다. 그 뒤로 언니, 오빠는 더 이상 나를 놀리진 않았다. 하지만 비슷비슷한 다섯을 닮지 않은 나는 여전히 의구심이 남아있었고, 마음의 상처가 쉬 지워지지 않았다. 그러다 내가 성인이 되어 그 상처로부터 조금 자유로워질 수 있을 때 조카가 태어났다. 그 아이를 보는 사람마다 "너는 네 셋째고모를 꼭 빼닮았구나."라고 하면 왠지 이제야 내 편이 생긴 것 같았다. 나를 닮은 조카가 너무나 예뻤다. 그제야 내가 확고하게 '미운 오리새끼'가 아님이 분명해졌기 때문이다. 그러니 잘생기고 못생긴 것을 떠나서 어찌 귀하고 예쁘지 않으랴. 사실은 나를 닮은 아이뿐만 아니라, 조카들 모두 너무 예뻐서 셋 모두 아기였을 때는 올케언니가 극구 말리는데도 조카들 응가가 묻은 기저귀도 서슴지 않고 빨았다. 그리고 휴일이면 조카들을 데리고 동물원과 공원 등으로 소풍을 다녔다.

어릴 때 큰고모의 뒤를 따라다니며 고모가 실성해서 기도하다

말고 저렇게 웃는 것이라고 생각했다. 동네아이들이 고모 뒤를 따라 다니면 화가 나고 창피했다. 그러나 지금 가만히 돌이켜 보면 고모가 꼭 제 정신이 아니어서 그렇지만은 않았을 거라는 생각이 든다. 기도는 신과의 소통이다. 신과의 대화다. 소통이 아닌 상호 일방적인 것은 성숙한 기도가 못된다. 내가 신에게 청원했으면 나 또한 그분의 소리(뜻)에 귀를 기울여야 한다. 그런 면에서 고모는 제대로 된 기도를 한 것이다. 신에게 간절한 청원을 하고 마음에서 신으로부터 흔쾌한 대답을 듣고 기뻐서 그렇게 웃으셨던 게 아니었을까. 그를 입증할만한 것이 우리는 지금 그때 고모가 간절히 빌었던 대로 살고 있다.

 조카들이 알든 알지 못하든 나도 그 아이들을 위해 항상 기도한다. 뿐인가. 그 아이들을 생각하면 제 아빠. 엄마가 뒷바라지 잘 하고 있고, 예전 우리처럼 가난한 것도 아닌데 늘 마음이 쓰인다. 오늘 조카와 마주 앉아 느긋한 시간을 보내며 이런 저런 얘기를 나누다보니 고모 삼대가 참 많이 닮은꼴이다. 예전에 큰고모가 우리를 그토록 살뜰히 챙기던 정이며 간절한 기원. 나 또한 언제 보아도 조카들이 곱게만 보인다. 그 아이들이 잘 되기를 바라는 마음 간절하다. 혈육이란 그런 것인가 보다.

 나는 올해 12월이 되면 고모할머니가 된다. 할머니 되는 것이 뭐 그리 좋다고 자랑이냐 하겠지만, 고모인 나는 생명을 품고 있는 저 아이의 품이 그저 대견스럽게만 보인다.

그래, 너는 할 수 있어
- 벼랑 끝에서 발견한 희망

얼마 전 모 여배우가 자살했다. 그녀는 우울증을 앓고 있었다고 한다. 유서에는 '일하고 싶다. 돈 벌고 싶다…'라는 등등의 글을 남겼다고 전한다.

이루고 싶은 욕구는 많은데 능력이나 지원이 따라주지 않으면 채우지 못한 욕망은 곧 좌절과 허기를 부른다. 그리고 이에 수반되는 상실감과 무기력증이 사람의 심리를 벼랑 끝으로 몰아간다. 여기까지 이르렀을 때 숨고르기를 잘 하지 못하면 이처럼 자칫 돌이킬 수 없는 극단의 일을 저지르고 마는 것이다. 참으로 안타까운 일이 아닐 수 없다.

요즘 나는 전화기의 버튼을 누르다가는 수화기를 그냥 내려놓기를 반복하고 있다. 조카녀석의 대학합격 소식이 아직 깜깜해서다. 이쯤 되고 보면 누가 뭐래도 당사자보다 더 속 타는 사람은 없다. 지난 설날에도 참으로 멋쩍어하는 녀석에게 엄지손가락을 들어 보이고는 그저 아무 말 없이 어깨만 툭툭 두드려주었다.

　나는 늦깎이로 대학을 졸업했다. 직장 일을 그대로 하면서 뒤늦게 입시공부를 하려니 여간 어려움이 따르지 않았다. 입시시도 첫해에 보기 좋게 낙방을 했다. 그간의 공백이 길어 어려울 것이라는 것을 미리 예상하지 못한 것은 아니었다. 그러면서 절실하게 선택한 공부라 밤잠 줄여가며 나름대로 열심히 했다. 일을 해야 했기에 단과학원 새벽타임과 저녁타임을 쫓아다니고 일요일엔 아예 독서실에서 하루 종일 묻혀 지냈다. 나보다 열 살이나 어린 학원의 동료 수험생들은 "누나는 꼭 합격할 거예요." "언니가 떨어진다면 우리 중엔 붙을 사람 없어요."라고 지친 나를 부추겨주었다.

　불안감이 없지 않았으나, 아니 불안감을 잊으려고 우선 마음 편하게 '그래, 꼭 합격할거야!'라고 스스로 최면을 걸기도 했다. 시험 날이었다. 선택한 대학 언덕을 올라 수험장으로 들어가기 전 뒤를 돌아다보니 어쩌면 아침햇살이 그토록 찬란한지 좋은 징조라고 생각되었다. 그러나 시험은 생각보다 훨씬 어려웠고…. 아뿔싸! 합격자 명단엔 내 이름이 빠져있었다. 합격자 발표 날 하늘이 노랗고 자꾸만 발이 헛디뎌졌다. 그런데 이상하게

긴 캠퍼스를 걸어 나오는 동안 독하게도 눈물은 한 방울도 나오지 않았다. 다만 내가 너무 자만하고 안일했다는 생각에 몇 번이나 가슴을 쳤다. 그리곤 '누가 뭐래도 자만하지 말고 그저 멍청히 일 년을 또 묻어보자'라고 단단한 각오를 했다.

 그런 성찰과 결심이 곧 희망이었다. 좌절이라는 벼랑 끝에서 어디론가 한 발짝 발을 내디딜 수 있는 틈새를 찾아낸 것이다. 이렇듯 숨 한번 크게 들이쉬고 숨고르기를 하면 벼랑 끝이, 끝이 아니라 출발의 시발점이 되는 것이다.

 조카녀석을 걱정하지 않는다. 녀석은 신념이 남다르다. 자원봉사상 수상 경력이 있어 사회복지학부를 지원하면 특별 혜택이 주워져 통과가 수월하겠지만 녀석은 기업을 경영하는 최고의 경영인이 되는 것이 꿈이다. 패배를 예상하고도 뱃심을 부린 녀석이니 반드시 승부를 볼 것으로 믿어지기 때문이다. 누군가를 코너로 몰아가는 부담스러운 관심은 관심이 아니라 독이다. "너는 반드시 할 수 있어!" 하고 그가 가고자 하는 방향에 '엄지척' 손가락에 힘 꽉 주어 화살표 하나 얹어주면 시린 가슴에 작은 불씨 하나 지피는 희망이 될 것이다.

가슴으로 듣는 소리

 애초에 출발하지 말았어야 했던 것인가. '괜찮다, 괜찮다.'라고 애써 스스로를 위안하며 마음을 다잡으려 애써도 불안을 떨치지 못한다.
 동행하는 친구에게만은 마음을 들키고 싶지 않은데 그렇지 못하다. 모처럼의 여행으로 마음이 달뜬 친구의 물음에 연신 심드렁한 대답이다. 아니, 나도 모르게 볼멘 대답이 불쑥 튀어나가기도 한다. 그다지 큰일도 아닌 실수 하나로 통제되지 않는 자신의 마음상태에 이젠 불안이라기보다 분노가 불쑥거린다.
 계획대로라면 바로 속리산을 등반하려고 했다. 하지만 생각보다 출발이 늦어져 다음날 등산을 하기로 하고 기왕 늦은 김에 주변관광을 한다. 보은의 연꽃단지는 연꽃이 종류별, 색깔별로 심겨져 있어 맑은 핑크빛 그라데이션(gradation)을 연출한다. 진

분홍 연꽃부터 미백의 백련까지 층층이 몇 단계로 이어지는 장관이다. 그런데 눈은 호사를 누리며 연신 카메라셔터를 눌러대면서도 마음 밭은 여전히 엉켜서 저 천연한 연꽃이 밟고선 진흙탕 속과 다름없다. 아무리 아름다운 꽃을 보더라도 마음의 눈이 함께 열려야 그 아름다움을 제대로 볼 수 있다. 눈을 아무리 크게 떠도 마음이 닫히면 대상의 진면모를 감상하지 못하고 건성으로 본다.

법주사 가까운 곳에 숙소를 정하고 여장을 풀었다. 마음이 지쳐 숙소에 들자마자 내던지듯 침대에 벌렁 눕는 나를 보면서 아무 잘못도 없는 친구는 슬금슬금 눈치를 살핀다. 눈치만 보던 친구가 안 되겠는지 속풀이 음식으로 '올갱이국'을 먹으러 가자며 손목을 잡아끈다. 그는 속 좁은 친구를 둔 덕에 기껏 먼 길 운전해 여기까지 와서도 마음껏 좋아하지도 못한다. '뭐한 놈이 성낸다.'고 설상가상으로 나는 친구를 불편하게 하는 내 불완전한 감정 때문에 또 속이 더 상하고 화가 난다.

늦은 점심 겸 저녁을 먹고 나니 어느덧 해가 법주사 뒷산 능선을 넘고 있다. 천천히 법주사 일주문을 들어서 경내를 돌아본다. 마당에 그림자를 길게 드리우고 서 계신, 저 미륵님의 큰 귀는 내 마음 속 소리도 다 들으실까. 깊이 합장하며 마음을 맡겨본다. 사려 깊은 친구는 멀찍이 거리를 두고 나를 살피며 걷다 대웅전으로 부처님을 뵈러 들어갔다. 나는 문 밖에서 합장을 하고는 대웅전 외벽 불화를 감상하며 뒤쪽으로 한 바퀴 돈다. 그때다. 대웅전을 막 돌아 나오는데 둥~ 둥~ 법고가 울린다. 법고의 울림이 깊은 산자락을 느리게 휘돌고 잔잔하게 파문을 일으키며 내 가슴에 와 닿는다. 파도에 밀려오는 포말이 모래톱에 엉킨 수많은 발자국들을 지우듯 깊은 북소리가 내 가슴에 부글거리던 복잡한 상념들을 지워준다. 저녁 타종시간인가 보다. 젊은 비구스님 셋이서 번갈아가며 법고와 범종, 그리고 목어를 차례로 울린다. 건장한 스님들이 힘차게 두들겨 울리는데 소리는 깊고 부드러운 울림이다. 나는 눈을 감고 가슴으로 그 울림을 바라본다. 소리가 가슴을 파고들면서 경직되었던 몸과 맘이 편하게 이완된다. 언제 친구가 다가왔는지 바로 내 옆에 서 있다. 나도 모르게 고였던 눈물이 주르르 흘러내린다. 친구의 눈자위도 붉다. 가만히 친구의 손을 잡는다. 나는 미안해서 고마워서 힘주어 친구의 손을 꼭 쥔다. 그가 말없이 내 어깨를 감싼다.

며칠 전 모 기관에 문학지원금 신청서류를 마감 직전에 가까스로 접수했었다. 그런데 아뿔싸! 서류제출 미비로 신청이 반려되었다는 이메일을 하필이면 오늘 출발하기 직전에 확인했다. 여기저기 여러 기관들을 다니며 복잡한 서류들을 다 준비해놓고는 실수로 한 가지를 빼놓고 서류를 첨부한 것이다. 물론 신청을 한다고 다 되는 것도 아니다. 하지만 자신의 불찰로 인해 접수기회조차 상실한 것이 너무 속상해 마음 컨트롤이 되지 않은 것이다. 그리고는 괜히 나를 위해 여행을 계획하고 준비한 애먼 친구에게 못난 짓을 한 것이다.

  성난 듯 불볕 같았던 긴 여름해가 기울고 절 마당엔 서늘한 바람이 분다. 수다스럽게 지저귀던 새들도 조용히 날개를 깃들이는 저녁. 고즈넉한 사찰에서 댕~ 댕~ 깊은 종소리가 잔잔한 파문을 일으키며 마음을 파고든다. 내 좁은 가슴을 무겁게 짓누르던 불편한 편린들을 걸러준다. 깊은 산자락을 돌아온 소리가 종일 뒤엉키던 속을 말끔하게 씻어준다. 나의 내면이 새롭게 깨어난다. 주변의 사물들이 다 새롭다. 크게 눈뜨라 마음을 깨우는 소리! 사찰 누각 난간에 매달린 목어도 잠을 깨고 지느러미를 퍼덕이는 듯하다. 제 안에 갇혔던 내가 이제야 밖으로 문을 연다.

  하늘에서 별들이 하나 둘 걸어 나와 밤하늘을 수놓는다. 산골의 어둠은 깊어지고 어느새 활짝 웃는 초승달이 느슨한 산마루에 닿아있다.

혼자 하는 동행

　미지나 다름없는 길. 동료와 같이 갈 수도 있었지만 혼자 가기로 했습니다. 지하철을 세 번 갈아타고 다시 버스를 갈아타고 버스에서 내려서도 물어 물어서 찾아가야할 길이었습니다.
　사실 그 길을 가기 전 갈등을 하지 않은 것은 아닙니다. 첫째는 참석할까 말까 망설였고, 둘째는 누구에게 그곳까지 데려다달라고 부탁해볼까 했습니다. 세 번째는 동료와 함께 동행을 하면 심심하지도 않고 길을 찾는데도 혼자보다는 낫겠지 하는 생각을 했습니다. 그러나 결론은 혼자 가기로 했습니다. 그것은 그분을 나 혼자 온전히 차지하고 싶어서였습니다.
　주일아침 평소보다 일찍 일어나 마음 단정하게 준비를 했습니다. 그런데 참 이상한 일입니다. 멀고 복잡한 길을 나서는데 기분이 왜 그렇게 설레던지요. 그분이 현관에 먼저 나서시어 기다리고 계셨고, 내가 그분을 따라 나섰습니다. 지하철을 탔습니다. 이른 아침이라 열차 안엔 사람이 별로 없었습니다. 그분과 함께 넉넉하게 자리를 잡고 앉았습니다. 언제나처럼 기도를 합니다. 오늘은 어떤 사람들을 만나 함께하게 하실지 상상하면서 마음의 편견을 버리게 해달라고. 캘커타의 성녀 마더 테레사는 "기도는 우리가 스스로 하느님의 은총을 담을 수 있을 만큼 마음을 넓혀준다."라고 했습니다. 내가 기도하는 동안 그분은 가만히 지켜만 보고 계셨습니다. 로사리오기도 5단이 끝나고 차 안의 사람들을 이 사람 저 사람 보면 그분도 함께 그 사람들을 바라보셨습니다. 짓궂은 아이들의 장난스런 제스처를 보고 내가 웃으면 그분도 따라 웃으셨습니다.

그리고 차를 갈아타면 그분도 얼른 내려서 차를 갈아타시는데 내가 뛰면 그분도 함께 뛰어주시고, 느긋하게 걸으면 그분도 내 보폭에 맞추어 걸어주셨습니다. 내가 책을 꺼내 읽으면 그분께서 내가 무슨 책을 읽는지 바라봐 주셨고, 깜빡 고개를 떨어뜨리며 졸 때엔 아마도 모른 척 시치미를 떼고 딴 데를 보셨겠지요?! 그리고 바깥 풍경을 보면 그분도 내 시선을 따라 바깥을 바라보셨습니다.

드디어 피정의 집을 찾아가는 마지막 코스. 마을버스로 갈아 탔습니다. 버스는 가파른 언덕 주택가 골목을 구불구불, 구석구석 들러서 갑니다. 참 낯설고 지루할 만도 한 길이었지만 그분이 함께하시니 볼거리도 많고 나름 할 말(기도)도 많았습니다. 그분은 내가 속으로 말해도 무슨 말인지 다 알아채시고 대답해 주셨습니다. 어디서 내려야할지 몰라 창밖을 두리번거리면 그분도 내가 어디서 내려야하는지를 살펴봐주셨습니다.

인천의 어느 수녀원. 피정의 집 가까이 다다라 마을버스에서 내리기 직전에서야 나는 성당에서 같은 봉사를 하고 있는 동료가 그 버스에 함께 탄 사실을 알았습니다. 내가 동료와 반갑게 인사를 하는 사이 그분은 그녀에게 저의 옆자리를 양보하시고 한 발자국 물러서셨습니다.

때로는 혼자 있는 시간이 필요합니다. "혼자일 수 없는 사람은 진정한 자기 존재를 찾을 수 없다."라고 토마스 머튼은 그의 영적일기에서 말했습니다. 혼자만의 시간, 그분과의 친밀한 만남이 영육의 진정한 휴식이 됨을 체험합니다. 가깝지도 않은 초행길 혼자 찾아가는 여정이었지만 참으로 행복하고 오붓한, 그분과의 동행이 되었습니다.

어머니의 기도

 어머니의 입술이 제어기능을 잃은 지 오래다. 그런 어머니의 입술, 어머니는 주인의 의도를 따라주지 않고 제멋대로 움직이는 입술을 힘겹게 다잡으며 연신 뭔가를 되뇌고 있다. 그 모습이 너무 안쓰럽다.
 2001년 봄밤. 다른 이들은 밤 벚꽃놀이다, 뭐다 들떠 봄밤을 즐기는데 어머니는 혼자 약을 사러 나갔다가 교통사고를 당했다. 사고 후 2시간이 훨씬 지난 밤 11시가 넘어서야 겨우 의식을 찾아 가족이 연락을 받고 달려갔다. 어머니는 대수술을 하고 중환자실에서 일주일 넘게 사선을 넘나들었고, 병원에서 꼬박 1년을 지냈다. 치료 중 어머니는 틀니를 빼놓을 수밖에 없었다. 그런데 치료 기간이 오래 걸리다 보니 그동안 잇몸이 주저앉아서 새로 틀니를 할 수 없게 되었다. 어머니는 원래부터 소식(小

食)을 하시는데 그나마 잇몸만으로 가능한 음식만 드실 수 있으니 맛있는 음식은커녕 당신이 원하시는 음식도 그저 바라보고 침만 삼켜야 한다. 하지만 더 안타까운 것은 그게 문제가 아니다. 이가 없기 때문에 힘을 주어 입을 앙 다물지 못하니 어머니의 입술은 필요할 때 움직여 주지 않고 시도 때도 없이 제 맘대로 움직여 당황케 한다. 사고는 육체만 제 기능을 잃게 하는 게 아니다. 정신력 또한 쇠퇴의 길을 빠르게 치닫게 한다.

어머니는 외할머니로부터 물려받은 모태 불교도다. 시집와서 3년 동안이나 아기가 들어서지 않자 지극정성으로 불공을 드렸다. 그리고 겨우 얻은 첫 아이. 하지만 안타깝게도 유아기를 채 넘기기도 전에 잃고 말았다. 그 담부터 어머니는 자녀들의 명줄을 지키기 위해 태어나는 아이마다 절에 이름을 팔았다. 어렸을 적 어머니의 유일한 외출은 정갈한 한복을 차려입곤 머리에 쌀을 이고 절로 향하는 것이었다. 그리곤 절에서 돌아오실 때는 하얀 한지로 싼 백설기를 가져오셨는데 오시자마자 아이들부터 불러 모아 떡을 떼어 한 입씩 물려주시고야 다른 일을 하셨다.

그랬던 어머니의 신심이, 물론 흔들린 것은 아니겠지만 예전 같지 않게 열심을 잃어가게 했던 것은 주변 환경의 변화 때문이다. 고향을 떠나 도시로 온 것도 한 원인이겠지만 그 첫 번째 원인은 바로 내가 제공한 셈이다. 나는 성년이 되면서 종교에 관심을 갖게 되었는데 최종 결정을 가톨릭으로 택했다. 물론 그분이 나를 자녀로 삼고자하셨기에 가능했겠지만 가톨릭의 교리와 엄숙한 전례가 내 정서와 잘 맞아서였다. 처음엔 어머니가 반대하지 않을까 해서 한동안 말씀드리지 못했었는데 어머니의 반응은 의외였다. 어머니는 기왕에 선택한 종교이니 열심히 다니라고 격려하며 딸의 선택을 존중해 주셨다. 그리곤 오히려 다른 자녀들에게도 "너희들이 좋다면 에미의 종교를 상관치 말고 성당에 다니는 것도 좋겠다."라고 하셨다. 지금은 육 남매 중 오빠네 가족을 빼곤 모두 성당엘 다니고 있다.

벌써 오래전 일이 되었지만 어머니가 가톨릭에 대해 의외의 호감을 갖고 계시는 것 같기에 몇 번 개종을 권유해 보기도 했다. 하지만 어머니는 당신 살아생전엔 친정어머니, 시어머니가 물려준 신앙을 지킬 터이니 너희들이나 열심히 다니라고 점잖게 사양했다. 그 이후론 어머니도 성당에 다니셨음 하는 마음이 간절했지만 개종에 대해선 더 이상 언급을 하지 않았고 지금에 이르렀다.

그렇게 모든 일에 사리판단이 분명했던 어머니였는데 교통사고 후 정신력이 극도로 쇠퇴하고 단순해진 어머니는 종교, 믿음에 대한 의식이나 개념조차도 거의 무의 상태인 것 같아 매우 안타깝다. 자꾸만 정신력을 잃어가는 어머니를 지켜보며 나는 어머니가 예전의 불심이라도 되찾았으면 바랐다. 그래서 정신줄을 놓치지 않았으면 하는 바람으로 수차례 염주를 쥐어주며 기도 좀 해보시라고 권했다. 하지만 어머니는 거기에도 집중을 못 했다. 그런데 최근 며칠 사이 어머니의 모습이 달라졌다.

요즘 경기가 워낙 불황이다 보니 자본금 넉넉지 않게 사업을 시작한 남동생이 경제적 어려움을 겪다가 결국 파산지경에 이른 것 같다. 어머니는 매일매일 시도 때도 없이 자녀들 집집마다 전화를 해 둘째 아들 걱정을 하며 어찌 되었느냐고 물어서 그렇잖아도 편치 않은 마음들을 더 불편하게 한다. 사고가 단순해져서 이젠 신중함도 없고 배려도 없고 당신 생각대로만 한다. 어떤 일이 있을 때마다 자세하게 설명을 해주고 조금 자중해 주실 것을 당부해도 그때뿐이다. 돌아서면 다시 묻고 수없이 전화를 해 모두를 성가시게 한다.

그러던 어머니가 요즘 손에 염주를 쥐고 있다. 전에는 쥐어드리면 금방 던져버리던 염주를 꼭 쥐고 말 안 듣는 입술을 힘겹게 다잡아 "나무관세음보살"을 한다. "내 아들 살려주세요!"를 수도 없이 반복한다.

며칠 전이었다. 또 둘째 아들에 대한, 뻔한 것을 묻고 또 물으시기에 "어머니, 아들 일이 궁금해질 때마다 어머니가 '나무관세음보살!' 하고 기도를 해야 아들이 살아요."라고 했더니 그담부터 전화도 하지 않고 대신 연신 염주를 굴리며 기도에 열중하는 것이다. 그토록 권유해도 절제가 안 되고 어떤 일에 집중도 못하던 어머니였는데 기도에만 집중한다.

제어되지 않는 입술을 힘겹게 다잡아 "나아무관세음보~살!" 하는 어머니를 지켜보면서 세상 어디에 어머니의 자식 위한 기도만큼 간절한 구도가 있을까하는 생각이 든다. 어려움에 처한 자식이 그 위기를 모면하길 바라는 간절한 마음. 제멋대로 씰룩거리는 입술을 다잡아 기도하는 모습을 옆에서 지켜보자니 코허리가 시큰하다.

*어머니는 2009년 소천하셨다.

비움으로 채우다

　5월 31일 늦은 밤 로마공항에 내려 아슬아슬하게 테르미니 (Termini)역으로 가는 마지막 열차를 탔다. 인적도 뜸해진 늦은 밤, 인터넷으로 예약한 역 부근 숙소를 찾지 못해 뱅뱅 돌고 헤매다 도착하니 자정이 넘었다. 긴 탑승시간으로 몸은 피곤했지만 설레는 마음에 얼른 잠이 들지 않는다.
　자는 둥 마는 둥하고 아침 일찍 일어나 잔뜩 기대를 하면서 호텔 문을 나선다. 아뿔싸! "하필이면 주룩주룩 비가 내린다." 이 말은 같이 간 동료의 말이고, 나는 얼른 동료의 말을 받아 "와~하느님께서 로마의 비를 경험하게 하시네!"로 응답한다. 동료가 의아해하며 눈을 껌뻑인다. 햇살도 비도 다 그분이 내려주신다. 나를 속속들이 너무 잘 아시는 분. 성지순례로 첫손 꼽았던 로마로 나를 불러주신 하느님이시다. 여기서 그분을 제대로 뵈려면 우선 마음부터 비워야 진정한 성지순례가 될 것이다.

　순례 첫날 비가 오는 바람에 멀리 가지 않고 비가 그칠 때까지 숙소주변을 돌아보기로 했다. 그런데 뜻밖에도 미처 계획에 넣지 못한 산타마리아마조레 대성당에서 미사를 드리게 되었다. 말은 통하지 않아도 미사전례를 꿰고 있으니 그들은 그들 말로, 나는 우리말로 해도 앉을 때 앉고 일어설 때 같이 일어서며 별 어색함이 없다. 성찬전례에서 평화의 인사를 나눌 땐 누가 통역해 주지 않아도 서로 환한 미소로 평화의 인사를 나눈다. 오순절에 사도들이 '성령으로 가득 차, 성령께서 표현의 능력을 주시는 대로 다른 언어들로 말'해도 세계 모든 나라에서 온 독실한 사람들은 저마다 자기 지방 말로 알아듣고 어리둥절해 했다는 성경말씀이 비로소 마음에 와 닿는다.(사도2,1-4참조)

　미사헌금을 봉헌할 때였다. 파란 눈의 미소년 복사가 헌금바구니를 내밀기에 오래 손꼽아 기획한 순례인 만큼 마음먹고 준비한 **빳빳**한 지폐를 한 장 넣었다. 소년이 바구니를 살짝 들어 올리며 나를 본다. 말은 통하지 않으니 나도 제스처로 왜냐고 어깨를 추키며 눈을 크게 떴다. 소년이 지폐를 한번 보고 나를 또 본다. 그러고 보니 헌금바구니엔 모두 동전만 있다. 가끔 신부님들이 교회 재정을 얘기하다 농담으로 "우리 교회는 천·주·교라서 헌금을 천원만 낸다."라고 하는데 이태리도 헌금을 하는 데 우리와 별다르지 않은가 보다 생각하니 쿡 웃음이 터진다.

　굵은 비는 좀 잦아들었지만 부슬부슬, 끈적끈적 비가 쉬 그치지 않는다. 산타마리아마조레성당을 나와 그냥 발길 닿는 대로 걷는다. 로마거리는 보이는 것이 다 보물이다. 그침 없이 교회 종소리가 울리고 곳곳에 달력에서나 보았던 크고 오래된 성당이 있다.

　카보우르거리를 천천히 걷다보니 금세 지하철역 한 정류장 거리를 걸었다. 카보우르(Cavour)역 부근 큰길을 조금 비켜선 골목 깊숙이 낡고 초라한 성당이 보인다. 무슨 성당인지도 모르고 그냥 호기심에 들어갔다. 그런데 들어와 보니 뜻밖의 '산 피에트로 인 빈콜리교회'다. 이 성당은 성베드로 대성당과 라떼라노 대성당, 산타마리아마조레 대성당과 함께 로마를 대표하는 성당이다. 이곳에 뜻 깊은 역사의 산물이 전시되어 있다. 사도 베드로의 쇠사슬이다. 유리진열장에 전시된 사슬은 사도 베드로가 로마에서 감금되었을 때, 그리고 예루살렘에서 감금되었을 때 그를 포박했던 각각의 사슬이었다고 한다. 그런데 신기하게도 각각의 사슬이 서로 닿자마자 하나로 붙었다는 설이 전해진다. 이 신비의 쇠사슬은 제대 바로 아래 전시되어 있다. 나는 그 앞에 무릎을 꿇고 기도를 하다 두 손목을 X자로 겹쳐 앞으로 내밀어 본다. 손목에 거칠고 묵직한 것이 감기는 듯한 느낌이 든다. 순간 나도 모르게 소스라치며 얼른 손목을 푼다. 말로는 주님 고통을 함께 나눌 수 있게 해달라고 기도하면서 잠시 잠깐 상상만으로도 진저리를 치는 속물을 본다.

산피에트로인빈콜리 성당은 이 쇠사슬을 보존하기 위해서 440년에 세워졌다고 한다. 낡은 성당의 내부와 외벽 그리고 녹슨 쇠사슬. 그 오랜, 역사 속 살아있는 산물은 2000여 년의 세월을 거슬러 먼 길 달려온 순례자를 깊은 묵상에 잠기게 한다. 나는 쇠사슬을 하염없이 바라보며 마음속으로 성경을 펼쳐 사도들의 발자취를 따라가 본다. 예수님이 잡히시던 날 밤 헤롯의 군사들 앞에서 겁에 질려 세 번이나 스승을 모른다고 했던, 나약했던, 아니 비참함이 더 컸을 베드로! 그랬던 그가 예수님의 죽음과 부활을 목격한 후 얼마나 용감하고 담대해졌는가.

"사랑하는 여러분, 시련의 불길이 여러분 가운데 일어나더라도 무슨 이상한 일이나 생긴 것처럼 놀라지 마십시오. 오히려 그리스도의 고난에 동참하는 것이니 기뻐하십시오. 그러면 그분의 영광이 나타날 때 여러분은 기뻐하며 즐거워하게 될 것입니다. 그리스도의 이름 때문에 모욕을 당하면 여러분은 행복합니다."(1베드4.12-14)이라고 선언했던 그의 담대한 믿음과 선교를 과연 나도 언젠가는 닮아 실천할 수 있을까. 장궤에서 일어서려다 다시 손목을 X자로 겹쳐 뻗어 본다. 마음이 또 언제 어떻게 바뀔지는 장담할 수 없다. 하지만 지금 이 순간만은 "주님, 저는 주님께 꽁꽁 묶이고 싶습니다. 저를 당신 안에 꽁꽁 묶어 주십시오!"라고 혼잣말을 하며 일어선다.

  순례 첫날 '비가 오면 어떠랴. 해도 비도 나도 그분의 것인데….'라는 생각으로 모든 걸 그분께 맡기니 뜻밖의 은혜로운 체험을 한다. 아마도 날씨가 좋았더라면 이토록 귀한 역사와 보물을 간직한 성당을 숙소 가까이에 두고 그냥 지나치고 귀국했을지도 모른다.

지옥을 다녀오다
- 운젠지옥

  나가사키의 평화공원에서 과거 원폭투하 생지옥의 참상을 살펴본 후 또 다른 지옥을 찾아간다.
  활화산지역인 '운젠지옥'은 땅속에서 연신 유황가스와 수증기가 하얗게 올라와 마치 지옥을 연상케 하는 곳이다. 나가사키에서 운젠으로 가는 길은 지방도로로 마치 우리나라의 강원도 어디쯤을 달리고 있는 듯 구불구불 좁은 산길이며 계속 고지로만 치달아 오른다.
  출발하기 전 한국에서는 막 벚꽃이 피기 시작했는데 이곳은 이미 다 지고 초여름 기후다. 나가사키 시내에선 입고 갔던 트렌치코트를 벗어 들고도 더워서 워크북으로 연신 부채질을 했을 정도였으니까. 하지만 시내에서 멀어지며 운젠에 가까워질수록 선뜻선뜻 차가운 공기가 어깨를 움츠리게 한다. 그만큼 지대가 높다는 증거다. 산 위 도로에서 바라보는 바다로 떨어지는 선홍빛 태양은 그야말로 장관이다. 일본에서도 청정지역에 속하며 원시림으로 둘러싸여 낮인데도 어두침침하기까지 한 이곳은 숲에서 야생동물들이 막 튀어나올 것만 같다.

운젠지옥이라는 온천 밀집지역으로 들어서니 땅속에서 연신 수증기가 올라와 마을을 하얗게 덮고 유황냄새가 코를 찌른다. 호텔에 여장을 풀고 느글느글, 밍밍한 일본정식으로 식사를 한다. 같은 단무지라도 우리나라 단무지는 너무나 칼칼하고 맛있다는 걸 처음 알았다. 일본은 단무지마저도 왜 그렇게 달고 밍밍한지…. 어느 연예인이 외국을 여행하다 "순창아~"하고 부르짖던 고추장 광고장면이 자꾸만 오버랩 되어 절로 침이 넘어가 실소를 자아내게 한다.

여행목적이 성지순례인 만큼 저녁식사 후엔 저마다 촛불을 밝혀들고 운젠지옥(순교의 현장)으로 향했다. 불빛 하나 없는 밤, 로사리오기도를 바치면서 산으로 오르는 촛불행진이다.

일본은 우리나라보다 200여 년이나 앞서, 그러니까 1549년 8월 15일 예수회의 프란치스코 하비에르신부에 의해 가톨릭교가 전파되기 시작했다. 그만큼 서구문물 또한 우리나라보다 앞서 유입된 셈이기도 하다. 선교사(신부)들에 의해 가톨릭교가 전파되기 시작한 직후에는 급속도로 교세가 확장되어 신자 수가

65만여 명을 넘었으며 신자 가운데는 귀족가문과 영주들도 꽤 많았었다고 한다. 하지만 1587년 토요토미 히데요시 시대에 기독교 금교령이 내려지면서 박해가 시작되고, 선교사(스페인신부) 6명과 일본인 20명이 처형되면서 박해는 아주 격렬해졌다. 하지만 그러한 박해에도 불구하고 '덴쇼소년사절단'을 로마로 파견하고 세미나리오(신학원)와 콜리지오(신학교)가 선교사들에 의해 설립되는 등 놀라운 발전을 보게 된다. 한편 도쿠가와 이에야스의 에도막부는 일본 정국의 안정도모를 구실로 자국민들에게 외국과의 통교를 전면금지한다. 외국과의 무역도 나가사키에만 한정 허락한다. 그러한 가운데 1636년 나가사키 현 시마바라에서 가톨릭교도를 중심으로 한 대규모 농민봉기가 일어난다. 이 일을 계기로 박해는 더욱 심해져 가톨릭 신앙은 지하로 잠복하기에 이른다.

일본의 천주교 박해는 우리나라의 신유박해나 병인박해 때보다도 더 야비한 방법으로 신자들을 배교케 하고 극도로 잔인한 방법들을 동원해 신자들을 고문했다고 전해진다. 이곳 운젠지옥은 지금도 곳곳에서 펄펄 끓는 유황온천수가 불쑥불쑥 솟구친다. 우리나라에서도 천주교신자들이 박해를 피해 산속으로 숨어들었듯이 이들도 박해를 피해 숨어들었던 곳이 바로 이곳이라고 한다. 하지만 악령 높은 박해의 끈질김은 이곳까지 쫓아와 신자들을 붙잡아 펄펄 끓는 유황탕에 거꾸로 처넣었다, 꺼냈다를 반복하며 배교를 종용했다. 그리고 끝까지 배교하지 않으면 그대로 유황탕 속으로 밀어 넣어 처형했다고 한다.

일본은 하늘의 아들이라 자칭하는 명치천황이 정권을 잡은 이후 마치 그가 신인 양 신도(神道)를 국교로 정하고 그에 대한 신봉이 거의 절대적이라고 한다. 그래서 그들만의 토템, 다신문화의 영향도 적지 않지만 천황에 대한 신봉과 충성심 때문에 외부에서 들어온 종교가 쉽게 범접을 못하는 곳이다. 가톨릭교도 지금은 오히려 1500년대의 도입당시 직후보다 위축되어 정부에서 보조를 해주지 않으면 교회재정유지가 어려울 정도라고 한다. 그러니 같이 박해를 당하고도 꾸준히 발전하는 우리나라 교회의 모습을 바라보며 감탄과 부러움을 금치 못하는 것은 물론이요, 선교정신을 배우겠다고 일본 주교님을 비롯한 교회관계자들이 우리나라를 찾아오기도 한다. 정부에서 보조를 해주는 이유는 다름 아니라, 외국 선교사들에 의해 지어진 교회건물들이 대부분 100년을 넘어 국가사적으로 지정되어 있기 때문이란다.

유황온천수가 분노처럼 불쑥불쑥 치솟고 유황가스가 코를 찌르는 그야말로 지옥을 가로질러 순교의 동산에 이르니 순교 기념비로 십자가 하나 서 있다. 그나마 아무런 표적조차 없이 방치되다가 1984년 교황 요한 바오로2세가 그곳을 다녀간 후 세웠다는 기념비다. 사방이 어둠에 둘러싸인 밤. 거룩한 순교의 땅에서는 그분들의 장한 넋을 기리려 이국에서 달려온 신자들의 기도소리가 정적을 깬다. 칠흑 같은 어둠. 저마다 받쳐 든 촛불만이 오롯이 하늘을 향해 반짝일 뿐 아무 군더더기도 보이지 않는다. 다만 하늘에선 탱글탱글 여문 별빛이 마치 그분들의 기쁜 웃음소리인 양 환하게 쏟아져 내린다.

 신앙이란 무엇인가. 어떤 힘을 가지고 있기에 인간에게 어떤 희망을 주기에 그토록 모진 고문을 당하면서도 웃으면서 장렬한 죽음을 맞을 수 있는가. 또한 내게 있어 신앙은 어떤 힘을 발휘하기에 가슴 속 오래 묵은 민족 간의 반감마저 삭이게 하며 이국인 이곳, 지옥까지 달려와 어둠을 밟고 순교의 넋을 기리는가.

 다시 한 번 내 안에 존재하는 그분의 섭리에 대해 깊이 묵상해 본다.

평화의 사절

　출발하는 날(2007년 4월 11일) 새벽 인천공항의 짙은 안개는 평소보다 어둠을 쉽게 놓아주지 않았다. 하지만 비행기가 안개를 가르고 힘차게 이륙한 지 채 10분도 지나지 않아 청 청 청 맑은 하늘 아래 아름다운 봄 풍경이 펼쳐진다.
　여행에 있어서는 사람이든 사물이든 문화든 여행의 목적을 객관적으로 볼 수 있는 안목이 매우 중요하다. 그리고 보는 척도에 따라서 여행의 목적을 충분히 달성했다 할 수도 있고, 기대에 못미쳤다 할 수도 있다. 우리 세대는 일제침탈에 대한 직접적인 피해자는 아니다. 하지만 그들과 숙적의 앙금은 세대를 초월하여 쉽게 지워지질 않는 게 사실이다. 난생 첫 일본여행이지만 성지순례의 목적이 아니었다면 다른 나라 여행에 비해 출발부터 그다지 내키는 여행이 되지 않았을지 모른다.

인천공항을 출발한 비행기가 한 시간여 만에 후쿠오카공항 활주로를 사뿐히 밟는다. 일본의 가톨릭성지순례에 앞서 나가사키원폭평화공원을 먼저 탐방하기로 했다. 여행 일정이 잡히기 전 나는 우연찮게『나가사키의 노래』라는 책을 읽었다. '나가이'라는 일본인 방사선의학박사가 쓴 수기형식의 글이다. 1945년 8월 9일 미군에 의한 일본의 원폭투하는 히로시마와 나가사키를 순식간에 생지옥으로 만들었다. 원래 나가사키는 원폭투하가 예정되어 있지 않았던 곳이라고 한다. 일본군 군사기지가 있는 규슈 고쿠라에 투하하기로 한 원자폭탄을 그곳의 기상 이상으로 인해 나가사키가 대신 뒤집어 쓴 것이다. 하지만『나가사키의 노래』라는 책에 다음과 같은 구절이 있다. "히로시마는 울부짖고 나가사키는 기도한다." 유능한 방사선과 의사였던 나가이 박사는 어이없는 원폭으로 인해 사랑하는 가족을 흔적도 없이 버섯구름(원폭으로 인한 거대한 구름)에 날려 보내고 자신도 나병환자나 다름없이 살갗이 문드러지는 처참한 상처를 입는다. 그러나 그는 그 엄청난 일을 운명처럼 받아들이고 회개의 마음으로 지혜롭게 극복해 가는 방법을 찾는다. 분노하고 울부짖는 쪽은 모두 그렇게 동요되고, 이미 저질러진 일을 운명처럼 받아들이며 지혜롭게 수습해가는 쪽은 분노를 삭이고 모두 그 지혜를 따라간다. 그래서 나가이 박사가 있었던 나가사키는 기도하는 도시가 되고, 히로시마는 오늘날까지 울부짖는 도시라는 꼬리표를 붙이게 된 셈이다.

  그야 어찌되었든 우리 부모님세대와 조상들까지 일본으로부터의 피해자라는 사실 때문에 세대를 건너뛴 우리 가슴에도 좀처럼 삭지 않는 응어리가 전이되어 있는 게 사실이다. 특히 내 할머니의 한 맺힌 말씀에 의하면 아버지는 일제탄압의 씻을 수 없는 상처를 입은 피해 당사자다. 당시 청년이었던 아버지는 일본의 강제징용에 동원되어 탄광에서 일하다 갱이 무너지는 바람에 며칠간 갱 속에 갇혀 있다가 구사일생으로 살아나왔다고 한다. 그 후유증으로 인한 지병은 내 아버지를 평생 괴롭혔고, 지천명의 나이도 채우지도 못하고 세상을 하직케 했다. 어릴 때부터 어른들로부터 전해들은 일본에 대한 좋지 않은 편견을 쉽게 지워버릴 수가 없다. 하지만 이번 일본 여행을 준비하면서 나는 좋지 않은 감정, 편견에도 치우치지 말고 그렇다고 그들이 조금 앞섰다는 선진문화에도 주눅 들지 말자고 내심 다짐을 했다.

  나가사키의 원폭투하 중심지에 '평화공원'이 조성되어 있다. 그리고 원폭의 심지에 평화의 동상과 평화의 샘(분수)이 있다. 원자폭탄이 투하되었을 때 사람들이 입고 있던 옷은 물론이요, 핵분열의 열폭풍으로 인해 살갗이 마치 찐 고구마껍질처럼 홀랑 벗겨져 날아갔다고 한다. 그런데 그 고통보다도 더 참을 수 없었던 것은 목마름이었다고 한다. 이미 모든 샘들은 중성자핵으로 오염되어 어디에도 마실 물이 없었던 것이다. 그래서 그렇게 목말랐던 사람들 이젠 목마르지 말라고, 더욱이 평화에 목마르지 말라고 샘(분수)을 만들었다고 한다. 조금만 일찍 평화의 그 소중함을 깨닫고 무지한 침략을 하지 않았더라면 그토록 참혹한 피해를 입었겠는가.

  원폭투하 후 그 잔해를 그대로 보존 전시한 곳이 있다. 앞서 본 평화공원 평화의 샘, 거대한 평화의 동상은 솔직히 내 닫힌 마음을 움직이지 못했다. 하지만 공원 한 귀퉁이에 그대로 보존 전시된 처참한 잔해를 보는 순간 명치끝이 눌린다. 전범자들의 오만에 의해 무고한 사람들, 특히 아무것도 모르는 어린이들까지 참혹한 희생을 당했다. 원폭 참상의 전시물을 보니 오싹 소름이 돋는다. 오죽했어야 그 어마어마한 원자폭탄을 투하했을까만 한편으론 꼭 그렇게까지 무고한 사람들까지 희생케 하고 치유될 수 없는 피해를 입혀야 했을까하는 생각이 든다. 원폭피해 전시관을 돌아 나오며 그 참상의 증거들을 보는 일본인뿐만 아니라, 그 누구라도 평화를 그르치는 과오를 감히 범하지 못할 것이라는 생각이 든다. 물론 피해를 당한 우리 민족의 아픔이야말로 헤아릴 수 없이 깊다. 하지만 우리는 그들을 원망하고 미워할 수라도 있다. 그러나 그들은 그 엄청난 원폭의 피해뿐만 아니라, 죄를 저지른 책임이 있으니 누구를 원망할 수도 없지 않겠는가. 그 고통을 고스란히 싸안고 삭혀야할 것이다. 저들만행의 결과물들을 둘러본 나의 소회는 왠지 미움을 넘어 오히려 측은한 생각마저 들면서 그곳을 나서는 발걸음이 가볍지만은 않았다.

나가사키 평화공원을 나와 하라성터로 간다. 하라성터는 시마바라의 바닷가 언덕에 위치해 있으며 17세기 중반 가톨릭신자 농민들의 '시마바라 봉기'가 일어난 곳으로, 이때 이곳 영주의 지배하에 있던 백성 3만 7천여 명이 박해를 피해 88일간 이 성에 숨어 있다가 전멸당한 곳이다.

만으로 둘러싸여 아늑하게 들어앉은 섬 아닌 섬. 그곳에서 나는 뜻밖에도 평화의 사절단을 만나 오랫동안 풀지 못했던 얽힌 매듭을 조금 풀 수 있었다. 그야말로 사심이 없는 천사사절단을 만났기 때문이다. 앞서 둘러 본 나가사키의 평화공원이나 운젠지옥(일본의 가톨릭순교성지)에서의 뭉클했던 느낌도 솔직히 내 속 묵은 감정의 응어리를 푸는 데는 도움이 되지 못했다. 그래서 단정한 일본의 거리 곳곳을 부럽게 바라보면서도 "얄밉게 깔끔하다"는 둥 하면서 칭찬도 비난도 아닌 애매한 말을 했었다. 그런데 반듯한 관광지보다 허술하기 그지없는 시골 성터에서 더 깊은 감동을, 아니 감동이라기보다 깨달았다함이 옳을 것이다.

옛 성터임을 알 수 있는 고목의 벚나무가 꽃그늘을 이룬 그곳으로 초등학교 저학년으로 보이는 아이들이 선생님들과 소풍을 나왔다. 우리가 그곳에 도착한 시간은 점심 무렵. 화장실에 들렀는데 손을 씻으러 온 아이들이 활짝 웃으며 "곤니찌와?"라고 인사를 건넨다. 나도 얼결에 "곤니찌와?"라고 대답했다. 그리곤 천천히 성터를 걷는데 아이들이 도시락을 먹으며 우리가 자기들과 다른 나라 말을 하고 있다는 것을 알고는 눈이 동그래진다. 그리곤 금방 선생님에게 한국어 인사말을 배웠는지 "안녕하세요?" "반가워요!"라고 큰소리로 인사를 하며 고사리 같은 손을 흔든다. 성터를 걷다 다른 꼬마들의 모둠을 지날 땐 우리가 먼저 "곤니찌와?"라고 인사를 건네자 아이들이 신기한 듯 일어나 손을 흔들며 환호성을 지른다. 그들은 우리가 그곳을 다 돌아 나올 때까지 시선을 떼지 않고 무슨 말이든 붙여보려고 서툰 영어로 "코리아?" 저희들 말로 "강꼬꾸?"라고 하며 관심을 보이려고 애쓴다.

저 천사들의 동심을 보라. 어디 저토록 해맑은 웃음과 밝은 인사에 더 이상 우리의 토라진 등을 보일 수 있겠는가. 이런 가운데서조차 화해가 배제된다면 어찌 참된 순례라 할 수 있을까. 우리는 부모님 세대부터 넘어온 앙숙관계의 감정을 우리 세대까지 가슴에 끓이고 있다. 일본인들은 그토록 처절한 대가를 치렀으면서도 여전히 반성의 기미를 보이지 않고, 풀리지 않는 그 민족성의 아이러니는 여전하다. 그러나 그들이 아무리 역사를 왜곡해도 우리가 우리 민족에 대한 굳건한 정체성과 자긍심을 갖고 있다면 왜곡된 역사는 반드시 바로 설 것이다. 천진한 동심을 바라보며 우리가 풀지 못한 숙제를 또다시 후세대에가지 물려주지 않았으면 하는 바람을 갖는다.

성체조배

그분을 뵈러 가는 길. 내딛는 발걸음이 가볍습니다. 아직은 바람 끝이 싸~ 하지만 가슴엔 설렘이 일고 뭔가 꽉 차오르는 느낌입니다.

성체께 깊은 절을 올리고 가까이 다가가 마주 앉습니다. 달려올 때의 성체께 대한 벅찬 마음을 진정시키고 아무 생각도 하지 않으려 합니다. 그저 무심으로 바라봅니다. 충만함에서 넘쳐 올라오는 찬미와 감사의 기도도 '잠깐만!' 하고 가만히 누릅니다.

내가 먼저 그분께 말(기도)걸지 않고 그분께서 내게 무슨 말씀을 하실지…. 그분이 말 걸어오실 때까지 그냥 무념무상으로 앉아 있습니다. 머릿속은 하얗게 비어 뭉게구름처럼 가벼워지고 가슴은 보름달처럼 꽉 차오릅니다. 그리곤 '지금 이 순간 세상에서 나보다 더 행복한 사람이 있을까!' 하는 생각이 들면서 나도 모르게 그분께 대한 고백이 터져 나옵니다. "오, 거룩하신 성체여! 아무 말씀하시지 않아도 저는 당신이 좋습니다. 지금 제 앞의 당신 그 어떤 모습으로 계셔도, 한 조각 작은 밀떡으로 계셔도 저는 너무나 좋습니다. 참으로 행복합니다!"라고. 그냥 바라만 보는데 어쩌면 저 조그만 밀떡 안에서 거대한 우주를 펼쳐보이십니다. 하느님 창조하신 우주만물, 시공을 초월한 오묘한 신비가 생생하게 살아 다가옵니다. 내가 당신께 말 걸지도 않고, 당신 또한 아무 말씀 없이 그저 바라만 보시는데 뜨거운 눈물이 주체할 수 없이 흘러내립니다. 지금 이 순간 보이는 대로 당신(성체)을 바라보았을 뿐인데 말입니다.

"대부분의 사람들이 자기가 생각하는 하느님의 모습들(images)에 사로잡혀 있다. 이것이 하느님께로 가서 닿는데 가장 큰 장애물이다. …그분을 아는 유일한 길은 모름(unknowing)이 바로 그것! 당신 머리(mind)와 생각을 넘어서야 비로소 그분을 가슴(heart)으로 알게 될 것."이라고 앤소니 드 멜로가 『행복하기란 얼마나 쉬운가』에서 말합니다.

맞습니다. 머리(생각)를 비우니 가슴으로 말씀이 들어옵니다. 나의 어설픈 말로는 감히 형용할 수 없을 만큼 꽉 차게 그분이 내 안으로 들어옵니다. 이렇게 성체 앞에 다가앉으면 어쩌면 이토록 귀한 시간을 허락하시는지 마치 기적을 체험하는 것 같습니다. 그렇습니다. 주님의 사랑. 그 기적의 힘이 아니라면 내가 어떻게 세상의 편안함과 삶의 모든 유혹들을 따돌리고 침묵으로 일관하시는 당신 앞으로 달려오겠습니까.

지금 이 방(조배실)에는 당신(성체) 말고는 아무도 아무것도 없습니다. 어찌 그 많은 시간 중에 이 시간. 오직 저만을 부르시어 함께하시고자 하시는지…. 자칫 이 귀한 고요의 충만이 깨질까봐 아무 말 하지 않고 앉아 있습니다. 당신께서 말 걸어오실 때까지. 당신께서 오랜 시간 침묵하시니 저도 그냥 무심으로, 무심으로 당신을 바라봅니다. 그런데 참 아이러니하게도 텅 빈 고요가 나를 벅차게 합니다. 왈칵 눈물이 납니다.

그렇게 얼마의 시간이 흘렀을까요. 밖이 매우 소란스럽습니다. 그리곤 몇몇 사람이 조배실로 들어옵니다. 고요가 깨지면서 자꾸만 잡념이 따라 붙습니다. 책장을 넘기는 소리도 들리고, 들리지 않던 온갖 소음들이 귀를 어지럽힙니다. 눈에 띄지도 않던 조배실 벽면 오톨도톨 하얀 돌 블록이 쌀강정처럼 보이기도 합니다. 잡념을 떨치려 고개를 절레절레 흔들고 눈을 꼬~옥 감았다 떠도 소용이 없습니다. "주님, 잡념을 떨칠 수 있도록 해 주세요!"라고 청합니다. 그러나 여전히 잡념의 잡념이 꼬리를 물고 이어집니다. 안 되겠다싶어 그만 일어나려는데 내내 침묵하시던 예수님께서 한 말씀하십니다.

'아버지께서 네게 들을 귀를 주시지 않았느냐? 볼 수 있는 눈을 주시지 않았느냐?'라고. 맞습니다! 하느님께서는 내게 들을 귀를 주셨고, 볼 수 있는 눈을 주셨습니다. 그분께서 주신 귀한 귀와 눈이 그야말로 제 기능을 하고 있는데 나는 그걸 잡념이라고 고개를 흔들었습니다. 수많은 군중을 뚫고 예수님께로 나아가 당신의 손가락을 내 귀에 넣어 달라고, 침을 발라 내 눈에도 혀에도 대고 "에파타!"를 외쳐달라고 청할 치열함조차 갖추지 못한 내게 하느님께서 눈과 귀를 열어주셨는데 말입니다. 그러니 이 얼마나 감사할 일인데 분심이라고 치부하고 속상해했습니다. (마르7,33-34 참조)

관상이 안 된다고 고개를 흔드는 대신에 들을 귀를 주신 그분께, 볼 수 있도록 눈을 열어주신 하느님께 감사의 기도를 드립니다. 그리고 보니 쌀과자처럼 보이던 벽면의 블록도 제대로 보이며 다시 고요가 찾아옵니다. 관상을 방해한다고 여겼던 온갖 소음과 잡념까지 은혜로 바뀝니다. 내가 그분과 함께 하고자 성체조배를 하러 왔다면 그 출발부터 다 그분께 맡겨진 시간일 것입니다. "나는 최선을 다해 그분께 사랑을 돌려드리려 하면서 나에 대한 그분의 사랑을 인정하고, 나는 그분이 이끄시도록 내버려둔다."『예수께 대한 관상』중에서.

그렇습니다! 그분께 드리고자하는 시간이니 자아의 힘을 빼고 그분께 다 맡기면 되는 것을 억지로 마음을 다잡으려 했습니다. 그러니 오히려 생각의 생각이 꼬리를 물며 나를 가만 놓아두질 않았던 것입니다.

피세정념

내게서 나를 한 발짝 비켜서야 진정한 나를 들여다볼 수 있다. 여느 해보다 열심히 한다고 나름 노력을 기울였으나 연말이 되자, 모든 일에 있어 가장 허탈한 수확을 한 해가 아니었나 싶었다. 어디 그뿐인가. 일 년을 되돌아보니 연초 계획과는 달리 무엇 하나도 제대로 아귀 맞은 것이 없다. 욕심껏 움켜쥐었던 것들이 모두 허공에 떠서 나를 몹시 허황하게 어지럽혔다. 복잡한 일상들까지 어깨를 더욱 무겁게 짓눌렀다. 그래서 북한산 깊은 곳에 위치한 수도원을 찾았다. 한 해를 정리할 겸 피정을 다녀 온 것이다.

피정의 주제는 그때그때 매우 다양하다. '절대침묵'이라는 피정도 있지만 이번은 준 침묵피정이었다. 되도록 말을 적게 하는 것이다. 그 대신 주변의 자연과 자주 만나기를 권유했다. 마음이 무겁고 의욕마저 상실한 나는 숙소의 따뜻한 온돌방에 자꾸 미련이 갔다. 하지만 이곳에서조차 나를 이기지 못하면 안 된다는 생각에 억지로 수도원 뒷산을 올랐다. 여기서는 산에도 혼자 걷기다. 혼자 조용히 명상을 하라는 것이다.

 이곳을 찾아올 때 막상 짐은 챙겨들었지만 피정을 한다고 한들 어디서부터 무엇을 어떻게 정리할 것인지 감이 잡히질 않았다. 그저 아무 생각 없이 둥덩둥덩 떠나왔다. 그리고 수도원 원장님이 방에 있지 말고 모두 산으로 가라고 하기에 마지못해 산으로 올랐다.

 텅 빈 머릿속은 집을 떠나올 때와 마찬가지로 도무지 두서가 잡히질 않고 복잡하기만 하다. 이럴 때는 그냥 눈앞에 보이는 대로 있는 것들을 바라보는 방법밖에…. '나도 모르겠다.' 체념하며 아주 내맡기고 비스듬히 누운 소나무에 기대 한참을 서 있다. 멍청한 눈빛으로 하늘을 바라본다. 새들이 분주히 하늘을 난다. 그리고 무엇인지 알 수 없는 그들만의 소리를 찌륵찌륵 내지른다. 그들만의 의사소통이지 싶다. 겨울이지만 추운 줄도 모르고 얼마의 시간이 지났을까. 무심히 바라보았던 사물들이 하나 둘 내 안으로 들어온다. 평소 혐오스럽게만 여겨오던 까마귀가 아무 스스럼없이 제 우짖고 싶은 대로 우짖는 소리. 쌓인 낙엽 위에 다시 또 낙엽이 얹히고, 아무렇지도 않게 그를 받아 안는 가랑잎. 바람이 쏴아~ 지나며 삭정이를 툭 내려놓자 낙엽은 또 아무런 저항도 없이 받아 안는다. 자연은 그렇게 서로 부대끼며 존재하고 있다.

내 안에 눌러 엎혔던 것들이 하나 둘 나오기 시작한다. 나는 지난 일 년을 어떻게 살았는가. 생각해 보면 누구보다도 홀가분하게 살고 있으면서도 걸리는 것이 많다고 무던히 몸부림을 쳤다. 또한 부대끼는 것들엔 과민하게 방어하며 살아오지 않았던가. 그렇다고 제 것이나 잘 챙기고 살았느냐하면 그것도 아니었다. 오히려 잃어버렸다고 생각되어 나를 찾으러 여기에 오지 않았는가. 일상에서나 문학적으로나 나는 내 고유의 소리 한 번 시원하게 내지르지도 못했다. 제 고유의 빛깔 한 번 제대로 발산하지 못하고 오늘 여기까지 온 것이다. 진정한 자신은 제 안에 꼭꼭 가두고 포장된 자아를 챙기며 살아온 것 아닌가. 포장이 벗겨질까봐 전전긍긍하며 살다가 어느 순간 모든 걸 놓쳐버렸다는 생각이 들자 허망함의 방황 끝에 나를 찾아 여기 온 것이다.

산야를 자유로이 날며 누가 뭐라고 하든 스스럼없이 제 소리를 내는 저 까마귀가 부럽다. 바위에 붙어서도 제 발 딛고 싶은 대로 무늬를 이루며 살아가는 이끼가 부럽다. 보이지 않는 질서 속에서 서로 부대끼며 공존하는 저 미물들이 오늘은 마냥 부럽기만 하다.

나는 누구에게 부대껴 보고 누구의 부대낌을 받아주었던가.

제 안의 저를 외면하고 다가오는 주변을 과민하게 내치면서…. 그렇게 스스로를 가두며 살았다. 이제부터 나도 누군가가 그리우면 그립다 외칠 것이고, 아프면 아프다 신음소리를 내며 살아야겠다. 부대껴도 보고, 부대껴 오면 받아들일 각오도 해야겠지. 그래야 나의 내면도, 문학도 풍성해질 것이다.

 나목의 여린 진달래를 보며 가엾다고 안쓰러워 여겼었는데 가까이 들여다보니 어쩌면 그렇게 야무진 꽃눈을 키우며 봄을 기다리고 있는지…. 겨울을 나기 위해 옷을 훌훌 벗어 던져 제 몸을 지탱할 줄 아는 저 나목들의 비움이 얼마나 숭고한가. 계절의 순환에 아무런 저항 없이, 그러나 야무지게 제 고유 몫을 챙기며 자생하는 나무며 바위와 풀들을 보며 잃어버린 나를 찾는다. 자신을 자신 밖으로 던져보고야 지나온 나의 삶을 되돌아볼 수 있다.

 세상의 일상을 떠나서 고요한 생각에 든다는 '피세정념'은 이처럼 자신을 제 스스로 통제하지 못할 때 자신을 찾는 무형의 도구가 돼 준다. 짧게는 일박 이일이라도 철저하게 나를 떠나보는 피정은 복잡한 일상을 살아가는 현대인들에게 치유의 괜찮은 방법이다. 그래서 나는 많게는 일 년에 두세 번쯤, 적게는 한두 번이지만 이렇게 자신을 가다듬을 시간을 갖곤 한다. 이런 시간을 갖고 나면 생활에 재충전이 되기 때문이다.

자기 자신을 알고자 한다면 스스로를 조용히 지켜보아라.
자신의 걸음걸이부터 잡담과 미움 등 시새움에 이르기까지….
- 지두 크리슈나무르티

크리슈나무르티는 자신 안에 있는 모든 것을 빠짐없이 바라볼 수 있을 때에야 비로소 명상의 한몫을 차지할 수 있을 것이라고 했다.

퍼내야 새 물이 고이는 우물처럼 잠시라도 나를 비우고 한 걸음 비켜서서 바라볼 때 진정한 자신을 볼 수 있고 또 다른 나를 발견할 수 있는 것이다. 피세정념은 곧 나를 떠나서 나를 보는 시간이다.

망고

 점심을 막 먹으려는데 앞동에 사는 선배가 전화를 걸어와 집에서 혼자 점심을 먹자니 입맛이 없다며 된장찌개 맛있는 집 있으니 함께 가잔다. 내가 "선배, 무슨 된장찌갠데 그렇게 맛있어요?"라고 물었다. 그녀는 그렇잖아도 진즉 전화했을 텐데 아무리 생각해도 그 된장찌개 이름이 떠오르질 않아 생각나면 전화하려다 이렇게 늦었다고 한다. 그녀는 자신이 요즘 왜 그렇게 기억력이 없는지 모르겠다는 한탄이다. 나는 "선배, 우렁이된장찌개? 해물된장찌개? 호박된장찌개?"라며 온갖 재료를 다 붙여 된장찌개를 나열해도 다 아니란다. "그럼 뭐예요?! 배고파 죽겠네. 어쨌든 얼른 밥이나 먹으러 가요. 그 집은 찾아갈 수 있죠?"라고 해서 웃으며 밥을 먹으러 간다. 걸어가는 내내 그녀는 그 된장찌개 이름을 기억해 내려고 애쓰는 눈치다. 선배는 요즘 무슨 말을 할 때 단어가 얼른 떠오르질 않는다며 혹시 치매초기 증세는 아닌지 검사를 해봐야겠다는 둥, 넋두리를 한다. 내가 다시 된장찌개 종류를 이것저것 말하다 "선배, 혹시 차돌박이된장찌개?"라고 했더니 그녀는 길가다 말고 손뼉을 치면서 "맞아! 맞아!" 하며 웃는다.

이런 일이 어디 그 선배의 일 뿐이랴. 그녀가 너무 심각하게 고민하는 바람에 말은 못했지만 나 또한 요즘 그녀와 다르지 않은 고민을 하고 있다. 얼마 전 성당의 한 모임 1학기 종강을 앞두고 신부님과 수녀님을 모시고 회식을 했다. 코스 한정식이라 맨 처음 흑임자죽이 나오고 그 다음엔 채소 과일샐러드가 나왔다. 샐러드의 소스 맛이 독특했다. 소스의 색깔도 흔치 않은 색이다. 노랑도 아니고 주홍빛도 아닌 애매한 빛깔. 신부님을 피해서 앉은 우리 테이블 사람들은 신부님, 수녀님을 신경쓰지 않아도 되니 서로 샐러드소스가 무슨 맛이냐를 가지고 온 미각을 총동원해 찾아내려고 했다. 그때 내 혀끝에 닿은 확실한 맛은 바로 그것! '맞아! 바로 그 맛이야!' 그 맛이라는 게 확신에 찬 나는 그것을 말하려는데 머릿속에서 그림은 선명하게 그려지는데, 이런 세상에나! 그 이름이 도대체 생각나질 않는다. 나는 "그거 있잖아. 음~~~~~(그래도 생각이 안 나서) 그거~ 노오란 거. 열대과일!!"라고 설명을 해도 옆에 앉은 동료 셋은 "열대과일 뭐?(고개를 갸웃거리며) 열대과일 맛은 아닌데. 유자 맛이 약간 나긴 하지만."라고 한다. 그렇다. 어디 열대과일이 한 두 가지인가. 알아채지 못하는 동료가 안타깝지만 과일 이름이 구체적이지 못한, 열대과일만으론 설득력이 없는 게 당연하다. 내 미각으론 그 맛이 분명했다. 순수한 그 맛이 아니면 다른 뭐가 아주 조금 섞였거나한 그 맛. 그런데 머릿속에선 그 과일만 커다랗게 그려질 뿐 이름이 영 생각나질 않는다. 기필코 그 과일 이름을 생각해내고야 말리라고 밥을 먹는 한 시간 내내 머리를 쥐어짜도 '마트 과일코너에 진열된 ○○?! 지난번 아파트 앞 과일트럭에서 본 노오란 ○○?!' 심지어는 지난 5월, 파리에 갔을 때 한 재래시장에서 그것을 사들고 와 저녁이면 숙소에서 TV를 보면서 엄청 맛있게 먹었던 생각까지. 그래도 모르겠다. 밥을 다 먹고 오후엔 수업이 있어 디저트가 나오기도 전에 나만 먼저 일어났다. 집에 다 오면서까지 아무리 생각을 쥐어짜도 그럴수록 머릿속은 하얗고, 그것의 이름은 까맣게 더 멀리 달아난다.

어느 신부님의 얘기다. 초등학교 다닐 때 말더듬이 친구가 있었단다. 말을 심하게 더듬어 친구들과 어울리지도 못하고 외톨이로 지내는 그가 안타까워 친구가 되어 주었단다. 그러다 친구는 아버지의 근무지를 따라 다른 학교로 전학을 갔다. 그런데 헤어졌던 그 친구와 우연찮게 같은 고등학교에 진학하게 되어 다시 만났는데 말을 더듬던 그 친구가 "너 왜 말을 더듬어?" 하더란다. 신부님은 친구가 그렇게 말할 때까지 자신이 말을 더듬는지 스스로 인식하지 못했다고 했다. 친구의 말을 듣고 보니 자신이 말더듬이가 되어 있더란다. 신부님은 말더듬이 친구와 어울리며 자신도 모르게 친구의 말투를 닮아 있었던 것이다. 한편 친구는 그동안 언어교정치료를 받아 말더듬이를 고쳤다고 했다.

　내 주변에도 대화를 하다 자주 단어가 생각나지 않아 다음 말이 바로 이어지지 않는 지인이 있었다. 그때마다 나는 '○○○? ○○? …○○?'라고 지인이 말하고자하는 단어를 추측해 단어를 말해주곤 했다. 그럼 그는 "그래, 맞아! ○○○!"라고 하면서 말을 계속 이어가곤 했었다. 그런데 이제 그게 남의 일이 아니다. 그 지인을 흉내 낸 적도 없는데 그런 현상이 내게서 일어나고 있다. 최근 들어 말을 하다 종종 말하고자 하는 단어가 떠오르질 않아 말을 더듬거나, 하려던 말을 하지 못하고 얼버무리는 경우가 있다. 그럴 때마다 멋쩍게 웃으며 "요즘 내가 다리가 아파서 항생제를 좀 오랫동안 복용했더니 그런 것 같다."라고 둘러대지만 속으론 혹시 조기치매기가 있어서 그런 것은 아닐까하는 의구심이 들면서, 내심 마음이 가볍지만은 않다.

　그날 그 소스에 들어갔을 거라고 생각했던 과일 이름은 집으로 돌아와 수업을 하는 내내도 생각나질 않았다. 그러다가 저녁 무렵 친구와 강변을 산책했는데 친구와의 대화중에 힘 하나 안들이고 내 입에서 자연스럽게 '망고'가 나오질 않는가. 그걸 생각해내려고 몇 시간을 애써도 깜깜하기만 하더니 그제야 "망고"라는 말이 튀어나오다니! 진즉에 생각났어야 거기서 분명하게 '이 소스는 망고와 자몽을 섞은 맛이야!'라고 힘주어 말했을 텐데 말이다. 생각할수록 어이없어 "아, 세상에 이런 망할 놈의 망고(忘考) 같으니라고!" 혼잣말을 하며 쓴웃음을 짓는다.

광야에서 길을 찾다
- 그대 마음이 말하는 길을 가라

1970년대 후반 나는 아직 여물지 못한 채 사회로 발을 내디뎌야했다. 준비가 미흡한 마음은 늘 가난했고 무엇 하나 자신감이 없었다. 그러던 어느 봄날이었다. 봄이라고는 하나 여의도 벌판의 모래바람은 나의 빈 가슴을 예리하게 파고들었다. 날씨 탓하기 전에 마음이 꽁꽁 얼어붙어 있었던 까닭이다. 그런데 바로 그때 하느님께서 나를 감싸안아주셨다.

어느 주일이었던 것 같다. 고개를 푹 숙인 채 길을 걷고 있는데 어느 할머니가 내게 성당이 어디 있느냐고 물었다. 내가 방금 지나쳐온 곳으로 할머니를 안내하고 돌아서려다 그분이 문을 열고 들어가는 성당으로 다가가 안을 들여다보았다. 미사가 진행되고 있었다. 나도 모르게 그분을 따라 들어갔다. 아무도 나를 환영하는 사람이 없었다. 하지만 오히려 모른 척하는 것이 편했다. 사람들이 하는 대로 어설프게 일어섰다, 앉았다 신자들이 하는 대로 따라했다. 그리곤 미사가 끝나고 나오려는데 성수대(聖水臺) 옆 작은 탁자에 놓인 상본이 눈에 띄었다. 예수님께서 헐벗은 거지소년에게 당신의 망토를 벗어 입혀주는 그림이었다. 그 모습을 보는 순간 그림 속 주인공이 바로 나처럼 느껴졌다. 이때부터 주일이면 아무것도 모르면서 미사에 참례해 사람들이 하는 대로 따라 했다. 그렇게 몇 달을 다녀도 누구 한 사람 안내를 하기는커녕 말을 거는 사람도 없었다. 그런데 사람들이 하는 얘기를 들으니 '마리아'니 '베드로'니 서로 낯선 이름을 부르는 것이 아닌가. 성당에 다니려면 내게도 그런 이름이 필요한 것 같아서 사무실로 가 이름을 어떻게 정하는 것이냐고 물었다. 그러면서 교회에서 정한 일정 기간 교리를 배우고 세례를 받아야한다는 걸 알았다.

  가톨릭신자에게 성당에 다니게 된 동기를 물으면 많은 사람이 개신교처럼 귀찮게 하지 않아 편해서 왔다는 사람도 적지 않지만 가톨릭교회가 선교에 미온적인 건 사실이다. 그들처럼 성경을 많이 읽지도 않는다. 그래서 개신교신자들과 얘기를 하다 그들이 성경구절을 줄줄이 들이대면 금방 기가 꺾이고 만다. 물론 내게도 그런 경험이 있다. 성경을 읽어도 무슨 뜻인지 얼른 마음에 와 닿질 않았었다. 고정된 인식의 거룩한 말씀이 너무 높은 데서 들려와 잘 알아들을 수가 없었던 것이다. 그래서 2003년부터는 성경공부를 시작해 지금은 말씀의 봉사자로 봉사하고 있다. 내가 조금씩 성경에 맛들이면서 그 감동을 다른 사람들과 함께 공감하고자 애쓰지만 부실한 신심으로 여전히 말씀과 밀착되지 못하는 부분이 꽤 많다.

내가 읽은 신앙서적 중에 『예수께 대한 관상』(가톨릭출판)은 묵상을 하는데 많은 도움을 준다. 이 책은 네 모서리의 각이 없어질 만큼 맨질맨질하게 닳았다. 영성을 갈망하는 사람들에게 이 책을 선물하려고 서점엘 갔으나 찾지 못해 다른 대체 도서를 사들고 왔다. 그런데 그 서적이 성경을 이해하는데 뜻밖의 친절한 길잡이가 되어주고 있다. 프란츠요제프 오르트켐퍼 엮음 『그대 마음이 말하는 길을 가라』(생활성서사)이다. 이 책은 신학자들이 성경을 통찰하고 재해석하여 오해를 풀어주고 이해를 돕는다.

구약의 바벨탑 이야기에서는 건물을 예로 들고 있지만 거기엔 인간의 내면이 반영되어 있다. 인간의 끝없는 욕망과 하늘을 찌를 듯한 권위의식은 끝도 없는 그 정점을 추구한다. 하지만 가장 높은 곳에는 오직 하느님만이 계시다. 한편 믿음의 조상이라 불림에도 불구하고 성서 속 아브라함은 이해할 수 없는 행동을 한다. 하느님께서 가라는 약속의 땅으로 가는 중간엔 엇길을 가고, 자신의 위기를 모면하고자 아내 사라를 이집트인들에게 누이라고 속여 그들에게 내어주는 등 어처구니없다. 이처럼 아브라함의 어떤 행동은 하느님께서 큰 민족이 되게 하겠다고 하신 약속을 매우 위태롭게도 한다.

　이 책은 우리가 '성인도 그럴 수 있어?'라고 의혹을 가질 때 "그럴 수 있어!"라고 말한다. 성경이 아브라함의 도발적인 행동을 그대로 담고 있는 것은, 성경은 결코 영웅들만의 이야기가 아니라는 것이다. 오히려 신앙은 유혹과 오류, 심지어 타락도 배제하지 않는다는 사실을 자연스럽게 보여주기 위해서라고.

　뿐만 아니다. 가난과 겸손을 가르치는 성경에서 코헬렛의 내용은 정말 어떻게 해석하고 이해해야 하는지 내겐 참 난해하기 그지없는 숙제였다. 그런데 이 책에서는 정반대의 삶을 살았던 욥(욥기)과 코헬렛을 비교하며 이해를 돕는다. "욥은 고통 속에서 한계를 체험하고 그 체험은 그로 하여금 하느님을 더 가깝게 만나게 한다. 한편 코헬렛은 행복 속에서 한계를 체험하고 이를 통해 하느님을 좀 더 분명하게 깨닫는다."라고 설명한다. 코헬렛이 갈망하는 충만은 잠시뿐인 충만이 아니라, 고통이나 슬픔의 뒷맛이 없는 하느님 안에서 누리는 영원한 충만을 말한다. 코헬렛은 물질과 문화의 풍요를 누리면서도 정신적으론 빈곤과 우울증을 앓는 현대인들에게 '기쁜 삶의 조건'을 제시하고, 늙어 죽음을 맞는 과정까지 인간의 삶을 시적 비유로 제시하고 있다는 것을 안내한다. "네 마음이 원하는 길을 걷고, 네 눈이

이끄는 대로 가라."(코헬 11,9)

  이 책은 너무 높고 거룩해서 아득하게만 들리던 성경말씀을 내 가까이서 내 편이 되도록, 우리의 입장에서 의혹을 품어보게 하고 그 이면에 담긴 하느님의 거룩한 뜻을 이해하도록 괴리감을 해소시켜 준다.